2021 中国粮食安全评估报告

◎ 徐 磊 魏同洋 田世英 等 著

中国农业科学技术出版社

图书在版编目（CIP）数据

中国粮食安全评估报告 . 2021 / 徐磊等著 . -- 北京：中国农业科学技术出版社，2021.12
ISBN 978-7-5116-5589-9

Ⅰ. ①中… Ⅱ. ①徐… Ⅲ. ①粮食安全—评估—研究报告—中国—2021 Ⅳ. ①F326.11

中国版本图书馆 CIP 数据核字（2021）第 240284 号

责任编辑　李冠桥
责任校对　李向荣
责任印制　姜义伟　王思文

出 版 者	中国农业科学技术出版社
	北京市中关村南大街12号　　邮编：100081
电　　话	（010）82109705（编辑室）　（010）82109702（发行部）
	（010）82109709（读者服务部）
传　　真	（010）82106625
网　　址	http://www.castp.cn
经 销 者	各地新华书店
印 刷 者	北京地大彩印有限公司
开　　本	210 mm×285 mm　1/16
印　　张	5.75
字　　数	75千字
版　　次	2021年12月第1版　2021年12月第1次印刷
定　　价	98.00元

━━━━ 版权所有·翻印必究 ━━━━

本书得到

中国农业科学院科技创新工程

（CAAS-ASTIP-2021-AII）资助

特此致谢！

《中国粮食安全评估报告（2021）》

著者名单

徐　磊　魏同洋　田世英　武　婕

王　剑　王兵兵　宋正阳　王世玉

前　言

粮食安全乃国之大者，是国家安全的重要基础。习近平总书记在2020年中央农村工作会议上强调"要牢牢把住粮食安全主动权，粮食生产年年要抓紧"。2021年中央一号文件提出"提升粮食和重要农产品供给保障能力"，明确要求"建设国家粮食安全产业带"。

为贯彻落实习近平总书记重要指示和中央一号文件决策部署，在研究构建粮食安全评估指标体系及模型的基础上，中国农业科学院农业信息研究所农业产业安全研究团队，对过去10年（2011—2020年）粮食产业及稻谷、小麦、玉米、大豆等主要粮食品种的安全状况进行客观量化评估，形成了《中国粮食安全评估报告（2021）》。

《中国粮食安全评估报告（2021）》的出版得到了中国农业科学院创新工程经费的支持，谨此对中国农业科学院农业信息研究所和中国农业科学技术出版社表示衷心感谢！本书作为一个探索性、阶段性的科研成果，不足之处敬请各位同仁批评指正。我们将持续跟踪研究，不断完善评估内容和指标体系，努力把《中国粮食安全评估报告》打造成为研判国家粮食安全的数字化智库品牌，为保障国家粮食安全做出科技工作者的贡献。

著　者

2021年7月

摘 要

粮食安全乃国之大者，是国家安全的重要基础。保障国家粮食安全面临新形势新任务。《中国粮食安全评估报告（2021）》强化战略导向、采用定量分析方法，更加科学、系统、动态、精准地研判粮食安全的形势与特点，并对稻谷、小麦、玉米、大豆等重要粮食品种面临的重大挑战作出预警，以期为国家粮食安全科学决策提供重要参考。

本书引入联合国粮食及农业组织（FAO）粮食安全定义，即"保证任何人在任何时候既能买得到又能买得起为维持生存和健康所必需的足够食品"。在贯彻构建新发展格局要求的指引下，坚持粮食安全新战略、全方位保障粮食安全的原则，从基础保障水平、市场运行形势、科技支撑能力、资源环境条件和购买力水平5个维度对粮食安全的内涵进行系统化界定并赋予新的特征。

本书设置了粮食自给率、粮食人均占有量、粮食库存消费比、粮食市场价格波动风险均值、粮食作物保险深度、粮食单产增速、粮食品种审定通过数量增速、粮食耕种收综合机械化率、粮食全要素生产率、粮食播种面积增长率、粮食单位产量二氧化碳排放量、粮食因灾损失面积和居民人均可支配收入等13个量化指标，同时引入了风险度量、碳足迹、DEA-Malmqiust-hs模型等技术方法，构建了粮食安全评估指数体系和评估模型。本书对2011—2020年我国粮食产业及稻谷、小麦、玉米、大豆等主要粮食品种的安全状况进行客观量化评估，其中指数分值越高表示安全程度越高，指数值80~90判定为基本安全，高于90为安全，低于80则为不安全。

一、过去10年我国粮食产业总体处于安全区域，但安全程度呈先升后降趋势

2011—2019年，我国粮食产业安全指数呈上升走势，由2011年最低值85.53升至2019年最高值97.76，增加12.23个点，增幅14.30%，但2020年下跌

4.08个点，降至93.68，须引起高度警觉。

过去10年粮食分品种安全程度（指数平均分值）从高到低依次为稻谷（92.29）、玉米（92.20）、小麦（91.04）和大豆（74.64）；但近3年排序变化为稻谷（96.02）、小麦（96.00）、玉米（94.38）和大豆（78.55）。从稻谷看，总体处于安全区域，安全程度呈先增后降趋势。2011—2019年，稻谷产业安全指数呈持续上升走势，由83.44攀升至最高值96.95，增加了13.51个点，增幅16.19%；但2020年受稻谷价格上涨的影响，稻谷产业安全指数回落至95.15。从小麦看，总体处于安全区域，安全程度呈现震荡上升走势。其间，2016年小麦产业安全指数在经历连续4年上升后首次下降至90.87，随后指数分值连续两年直线上涨，2018年达到最高值97.64，但2019年再次下滑至96.01，2020年受华北地区对地下水超采区实施季节性休耕限采等因素影响，导致小麦等粮食面积减少，指数分值继续降至94.35。从玉米看，总体处于安全区域，安全程度呈现"M"型曲线震荡整理走势。其间，2015年玉米产业安全指数在经历连续3年上升后首次下滑至91.32，随后连续两年上升，并在2017年跃升至最高值97.33，但受"镰刀弯"地区玉米种植面积调减的后续影响，指数分值连续3年下滑，2020年降至91.79。从大豆看，总体处于不安全区域，安全程度呈现"降—升—降"波动走势。其间，2012年大豆产业安全指数惯性下降到70.98；在实施大豆振兴计划政策利好的推动下，指数分值稳步提升至2019年最高值79.12，但受进口快速增长以及市场波动加剧的影响，2020年回落至77.46。

二、从5个维度评判，10年间，粮食产业基础保障水平、市场运行形势和购买力水平3个维度总体处于安全区间，科技支撑能力和资源环境条件2个维度处于基本安全区间

过去10年我国粮食产业基础保障水平、市场运行形势、科技支撑能力、资源环境条件和购买力水平指数的平均分值分别为95.88、95.74、88.66、85.51和90.79；近3年指数的平均分值分别为95.74、96.15、90.45、

89.31和95.22。

从基础保障水平看，2011—2020年我国粮食基础保障水平指数总体上在92~98区间运行，呈现"升—降—升"的小幅震荡走势。粮食分品种基础保障水平指数平均分值从高到低依次为玉米（94.71）、小麦（94.61）、稻谷（94.35）和大豆（58.50），但2018—2020年指数排序变化为小麦（97.63）、稻谷（94.53）、玉米（92.79）和大豆（61.49）。

从市场运行形势看，2011—2020年我国粮食市场运行形势指数基本上呈现倒"U"型曲线走势，在86~101区间频繁震荡，且波动幅度较大。粮食分品种市场运行形势指数平均分值从高到低依次为大豆（99.06）、稻谷（95.38）、玉米（94.49）和小麦（90.51），2018—2020年指数排序依然为大豆（98.98）、稻谷（97.41）、玉米（95.27）和小麦（92.95）。

从科技支撑能力看，2011—2020年我国粮食科技支撑能力指数运行在86~91区间，呈震荡小幅上升走势。粮食分品种科技支撑能力指数平均分值从高到低依次为玉米（88.80）、小麦（88.71）、稻谷（88.46）和大豆（88.44）；但2018—2020年指数排序变化为大豆（90.61）、玉米（90.51）、稻谷（90.32）和小麦（89.75）。

从资源环境条件看，2011—2020年我国粮食资源环境条件指数总体稳定在80~90区间，呈震荡上升走势。粮食分品种资源环境条件指数平均分值从高到低依次为大豆（85.95）、小麦（85.80）、稻谷（85.59）和玉米（85.35）；2018—2020年指数排序变化为稻谷（89.42）、小麦（89.32）、玉米（89.19）和大豆（88.14）。

从购买力水平看，2011—2020年我国城乡居民粮食（包括稻谷、小麦、玉米和大豆）购买力水平指数由84.32提升至96.11，增幅达到13.98%，这充分表明我国城乡居民人均可支配收入保持较快增长，脱贫攻坚和全面建成小康社会取得了伟大成就。

三、我国粮食安全面临重大挑战，须从战略和战术层面多措并举、主动应对

从我国粮食产业安全评估结果看，粮食安全作为治国理政的头等大事，特别是"确保谷物基本自给、口粮绝对安全"的新粮食安全观以及"以我为主、立足国内、确保产能、适度进口、科技支撑"的国家粮食安全战略得到全面贯彻落实，粮食安全水平稳定跃上新台阶。但制约和影响粮食安全的因素依然复杂严峻，我国粮食产业安全面临诸多重大挑战。

一是大豆进口来源存在不确定性。大豆是目前粮食中唯一处于不安全区间的品种。尽管我国不宜追求大豆基本自给，但应当在保持适度进口的同时，将大豆自给率稳步提升到一定水平。海关数据显示，2015年以来我国大豆进口的主要来源国为巴西（占比在45.70%~74.62%）、美国（占比在18.67%~40.44%）和阿根廷（占比在2.11%~11.55%）。特别是2020年我国大豆进口量首次突破1亿吨关口，且面临进口价格大幅上涨的风险。事实上，近几年因中美经贸摩擦导致从美国进口大豆数量剧烈变动，巴西、阿根廷等南美国家因气候原因，大豆产量受到较大影响，都给我国大豆进口渠道和价格带来了潜在风险。同时还应当看到，全球贸易体系分化为各类相互交织的"贸易圈"，"逆全球化"和"碎片化"的贸易特征难以在短期内消除，国际地缘政治格局的演变，也将给大豆进口带来不稳定因素。

二是玉米供需关系或将发生逆转。虽然过去10年玉米基础保障水平指数平均分值在四大品种中排名第一，但近3年已经滑落至倒数第二。值得关注的是，2020年我国玉米进口量达到了创纪录的1 130万吨，较2019年大幅增长135.91%，首次突破720万吨的全年关税配额。同时市场价格风险凸显，显著高于稻谷、小麦和大豆。另据测算，假设保持国内玉米现有产量水平不变，到2030年我国玉米产需缺口预计将高达5 000万吨。换言之，我国玉米可能会发生从"供大于求"到"产不足需"的逆转，成为依赖进口的第二个"大豆"。而玉米进口来源的不确定性还高于大豆，极端情形下的安全风险更值得关注，必须做到未雨绸缪。

三是小麦风险管理市场化工具运用不足。过去10年，小麦市场运行形势指数平均分值位居粮食分品种倒数第一。我国小麦保险发展水平显然与小麦口粮的重要地位不相称。2011—2020年，我国小麦保险平均深度仅为0.57%，不仅与1%的基本目标存在一定差距，而且低于稻谷（0.71%）、玉米（0.66%）和大豆（1.14%）保险深度；同时最低收购价等粮食补贴与支持政策已经面临世界贸易组织（WTO）规则下"黄箱"支持限制的实质性约束。

四是稻谷"丰产减排"压力增大。过去10年稻谷资源环境条件指数平均分值位居粮食分品种倒数第一。我国农业温室气体排放量占全国排放总量的7.90%，水稻种植约占农业二氧化碳排放总量的12.80%。尽管过去10年我国水稻单产二氧化碳排放量呈持续下降趋势，生产每吨稻谷二氧化碳排放当量由1 208.50千克持续降至1 098.51千克，10年间下降了9.10%，但仍显著高于小麦、玉米和大豆生产的排放当量。从水稻生产全过程碳排放组成来看，稻田甲烷排放以及氮肥等农用化学品投入量是影响水稻碳减排的重要因素。

立足当前，着眼未来。我们必须心怀国之大者，从战略和战术两个层面持续夯实国家粮食安全基础，不断提高粮食安全水平。在战略上，必须全面、准确、完整贯彻新发展理念，把保障粮食安全纳入加快构建新发展格局的重要内容，深入推进"确保谷物基本自给、口粮绝对安全"的新粮食安全观和"以我为主、立足国内、确保产能、适度进口、科技支撑"的国家粮食安全战略，顺应城乡居民对粮食数量、质量、品种多样化的新需求，从5个维度全面加强粮食安全能力建设。

在战术上，要从根本上牢牢把住粮食安全的主动权、始终端牢中国饭碗，严格落实粮食安全党政同责，深入实施"藏粮于技"和"藏粮于地"战略，坚持把科技创新摆到确保国家粮食安全的核心地位，切实解决好种子和耕地两个要害问题。挖掘玉米单产潜力，从生物育种、主导品种、主推技术、栽培管理等方面综合施策，尽快赶上欧美发达国家的单产水平（目前我国玉米单产水平仅为美国的58.54%和欧盟的85.92%）；加大水稻生产高产减排关键技术攻关力度，探索走出一条低碳稻作发展之路；基于农业保险高质量发展的视角，扩面、增品和提标，打造"多层次、广覆盖、可持续"农业保险保障体系，为小麦产业稳定发展装上"安全阀"；推动大豆进口来源地多元化，打造稳定供应链，本着互惠共赢的原则，充分发挥我国农机装备、技术、市场等优势，建立海外大豆生产基地，以降低不确定性，增强大豆进口稳定供给能力，同时要花大力气稳步提升大豆自给率。

目 录

一、粮食安全评估理论与方法 ································· 1
（一）粮食安全的内涵 ······································ 3
（二）粮食安全评估指标体系 ································ 4
（三）粮食安全评估理论模型 ································ 10

二、粮食产业安全评估 ·· 13
（一）2020年粮食产业安全态势判断 ·························· 15
（二）过去10年粮食产业安全趋势演变 ························ 16
（三）粮食产业安全面临的重大挑战 ·························· 23

三、稻谷产业安全评估 ·· 25
（一）2020年稻谷产业安全态势判断 ·························· 27
（二）过去10年稻谷产业安全趋势演变 ························ 28
（三）稻谷产业安全面临的重大挑战 ·························· 34

四、小麦产业安全评估 ·· 37
（一）2020年小麦产业安全态势判断 ·························· 39
（二）过去10年小麦产业安全趋势演变 ························ 40
（三）小麦产业安全面临的重大挑战 ·························· 46

五、玉米产业安全评估 ·· 47
（一）2020年玉米产业安全态势判断 ·························· 49
（二）过去10年玉米产业安全趋势演变 ························ 50
（三）玉米产业安全面临的重大挑战 ·························· 56

六、大豆产业安全评估 ·· 59
（一）2020年大豆产业安全态势判断 ·························· 61
（二）过去10年大豆产业安全趋势演变 ························ 62
（三）大豆产业安全面临的重大挑战 ·························· 68

主要参考文献 ·· 70
附　　表 ·· 71

一、粮食安全评估理论与方法

粮食事关国计民生，乃国之大者，是国家安全的重要基础。经过多年演变，国家粮食安全出现了一些新情况、新特点，新阶段保障国家粮食安全面临诸多困难和挑战。通过开展粮食安全评估，全面系统准确地把握粮食安全核心问题，更加科学动态和精准研判粮食安全形势，为国家粮食安全科学决策提供参考依据，进而为顺利推进社会主义现代化强国建设提供坚实支撑，具有十分重要的理论和实践意义。

（一）粮食安全的内涵

粮食是指供食用的谷类、豆类和薯类等原粮及成品粮。粮食安全的基本定义最初来源于1974年联合国粮食及农业组织（FAO）界定的"保证任何人在任何地方都能够得到未来生存和健康所需要的足够食品"，旨在强调获取足够的粮食是人类的一种基本生活权利。FAO分别在1983年、1996年和2001年对这一定义作了修改完善，目前仍在使用2001年的基本定义，即"所有人在任何时候都能通过物质、社会和经济手段获得充足、安全和有营养的食物，以满足其积极和健康生活的膳食需要及粮食偏好"。不难发现，确保生产足够数量的粮食、最大限度地稳定粮食供应、保证所有需要粮食的人都能获得满足其积极和健康生活的粮食，并能高效利用，构成了粮食安全的基本内涵。

近年来，我国粮食连年丰收、供应稳定充足，确保了所有需要粮食的人都能获得足够粮食；但同时应当看到，粮食安全也面临着"地板"抬升、"天花板"下压、补贴撞"黄线"、资源环境亮"红灯"的困扰，特别是在新冠肺炎疫情导致经济前景不确定性加大、外部环境发生深刻变化的复杂形势下，保障国家粮食安全面临更大压力和诸多挑战。换言之，单纯以粮食产量增长或自给率来判断粮食安全的状况已不太符合我国现阶段需要，粮食安全内涵需要拓展和延伸，必须建立在对粮食发展现状客观认识的基础上，从贯彻落实新发展理念、加快构建新发展格局、促进粮食产业高质量发展的全局和战略高度来重新审视和把握粮食安全的内涵。

综合国内外有关研究的观点，基于FAO"保证所有人在任何时候既能买得到又能买得起所需要的足够食品"基础上，围绕"以我为主、立足国内、确保产能、适度进口、科技支撑"的国家粮食安全战略，本书从5个维度对粮食安全的内涵进行系统化界定并赋予新的特征。一是粮食基础保障水平，确保提供足够数量的粮食；二是粮食市场运行形势，确保市场运行基本稳定；三是粮食科技创新能力，确保科技创新提升粮食综合生产能力；四是粮食资源环境条件，确保资源环境能够承载粮食绿色可持续发展；五是粮食购买力水平，确保城乡居民能够买得起所需的足够粮食。

（二）粮食安全评估指标体系

本书遵循以下原则构建粮食安全评估指标体系：一是选择的指标应当能够全面、有效地衡量和评价当前粮食安全状况及粮食安全程度；二是选择的指标应当能够反映粮食安全宏观调控，以便对粮食不安全因素进行必要管控调整；三是选择的指标应当能够反映影响粮食安全的主要因素，以便科学合理地预测预警未来粮食安全态势。

本书构建的粮食安全评估指标体系由基础保障水平、市场运行形势、科技支撑能力、资源环境条件、购买力水平等5个二级指标及其相应的13个三级指标构成（表1-1）。

表1-1 粮食安全评估指标体系

一级指标	二级指标	序号	三级指标	权重/%	作用方向
粮食产业安全（Y）	基础保障水平（B1）	1	粮食自给率（C1）	20	正向
		2	粮食人均占有量（C2）	10	正向
		3	粮食库存消费比（C3）	10	正向
	市场运行形势（B2）	4	粮食市场价格波动风险均值（C4）	10	负向
		5	粮食作物保险深度（C5）	10	正向
	科技支撑能力（B3）	6	粮食单产增速（C6）	5	正向
		7	粮食品种审定通过数量增速（C7）	5	正向
		8	粮食耕种收综合机械化率（C8）	5	正向
		9	粮食全要素生产率（C9）	5	正向
	资源环境条件（B4）	10	粮食播种面积增长率（C10）	5	正向
		11	粮食单位产量二氧化碳排放量（C11）	5	负向
		12	粮食因灾损失面积（C12）	5	负向
	购买力水平（B5）	13	居民人均可支配收入（C13）	5	正向

1. 粮食基础保障水平指标

粮食自给率（C1）是指粮食总产量（D1）与消费量（D2）的比值。计算公式为[①]：

$$C1 = \frac{D1}{D2} \times 100\%$$

粮食人均占有量（C2）是指当年粮食总产量（D1）与年末总人口数（D3）的比值，单位为千克/人。计算公式为[②]：

[①] 资料来源：根据《中国农村统计年鉴2020》、国家统计局官网和经济合作与发展组织（OECD）官网数据测算。

[②] 资料来源：根据国家统计局官网数据测算。

$$C2 = \frac{D1}{D3}$$

粮食库存消费比（C3）是指当年年末库存量与当年消费量的比值，其中当年年末库存量由年初粮食库存量（D4）、粮食总产量（D1）、粮食进出口净额（D5）加总减当年粮食消费量（D2）得来。计算公式为①：

$$C3 = \frac{D1 + D4 + D5 - D2}{D2} \times 100\%$$

2. 粮食市场运行形势指标

粮食市场价格波动风险均值（C4）是指用数据拟合的粮食价格波动率为x_i的概率p_i与粮食价格波动率x_i的期望值。计算公式为②：

$$C4 = \sum_{i=1}^{n} p_i x_i$$
$$p_i = cf(x_i)$$

式中，p_i是指粮食价格波动率为x_i的概率。$f(x)$是用数据拟合粮食价格波动率的概率分布得到的概率分布函数。c为区间长度，是指将$f(x)$的定义域分割成足够多的n个小区间$\left(x_i - \frac{c}{2}, x_i + \frac{c}{2}\right)$，取每个区间的中点$x_i$作为这一区间粮食价格波动率的值，由于区间划分足够多，区间长度很小，$f(x_i)$作为小区间内概率密度大小时产生的误差可以忽略。

粮食作物保险深度（C5）是指每亩（1亩约为667米²）粮食保险费（D6）与每亩粮食产值（D7）的比值。计算公式为③：

---

① 资料来源：根据《中国农村统计年鉴2020》、国家统计局官网、中国海关总署官网和OECD官网数据测算。

② 资料来源：根据《中国农村统计年鉴2020》《中国农产品价格调查年鉴》（2011—2019年）和国家统计局官网数据测算。其中，粮食价格根据稻谷、小麦、玉米、大豆等农产品集贸市场价格（按国家标准的"中级品"价格）以及产量占比加权综合计算得出。稻谷价格是根据籼稻和粳稻价格平均计算得出。

③ 资料来源：根据《全国农产品成本收益资料汇编》（2010—2020年）数据测算。2020年粮食作物保险深度数据是运用指数平滑法的预估数据。

$$C5 = \frac{D6}{D7} \times 100\%$$

3. 粮食科技支撑能力指标

粮食单产增速（C6）是指本年度（$D8_i$）与上一年度粮食单产差值（$D8_{i-1}$）比上一年度粮食单产的比值。计算公式为[①]：

$$C6 = \frac{D8_i - D8_{i-1}}{D8_{i-1}} \times 100\%$$

式中，i为本年度；$i-1$为上一年度。

粮食品种审定通过数量增速（C7）是指本年度作物品种审定通过数量（$D9_i$）与上一年度作物品种审定通过数量（$D9_{i-1}$）差值比上一年度作物品种审定通过数量。计算公式为[②]：

$$C7 = \frac{D9_i - D9_{i-1}}{D9_{i-1}} \times 100\%$$

式中，i为本年度；$i-1$为上一年度。

粮食耕种收综合机械化率（C8）是指粮食机耕、机种、机收的综合水平[③]。

粮食全要素生产率（C9）是指粮食产业在某一年度内产出与土地、劳动力、资本等要素投入成本的比值，利用DEA-Malmqiust-hs模型进行测量。计算公式为：

某省份i粮食在t时期相对于s时期（s=2011）的TFP指数测量公式：

$$\text{TFP}_{is,it} = \frac{\text{TFP}_{it}}{\text{TFP}_{is}} = \frac{Q_{it}/X_{it}}{Q_{is}/X_{is}} = \frac{Q_{is,it}}{X_{is,it}}$$

---

① 资料来源：根据《中国农村统计年鉴2020》和国家统计局官网数据整理。
② 资料来源：根据中国种业大数据平台整理。
③ 资料来源：农业农村部农业机械化管理司。

Q_{it}代表某省份i粮食在t时期的产出，Q_{is}代表某省份i粮食在s时期的产出。X_{it}代表某省份i粮食在t时期的投入，X_{is}代表某省份i粮食在s时期的投入。$Q_{is,it}=Q_{it}/Q_{is}$代表产出量指数，$X_{is,it}=X_{it}/X_{is}$代表投入量指数。

$D_O(\cdot)$和$D_I(\cdot)$分别代表Shepard产出距离函数及投入距离函数（产出距离函数表示产出能够向生产前沿面的扩张程度，投入距离函数表示投入向量能够向生产前沿面缩减的程度）。则Malmquist-hs指数法计算TFP指数的公式可以表示为[①]：

$$C9 = TFP_{is,it} = \frac{D_O(x_{is}, q_{it}, s)}{D_O(x_{is}, q_{is}, s)} \frac{D_I(x_{is}, q_{is}, s)}{D_I(x_{it}, q_{is}, s)}$$

4. 粮食资源环境条件指标

粮食播种面积增长率（C10）是指本年度粮食播种面积（$D10_i$）与上一年度粮食播种面积（$D10_{i-1}$）差值与上一年度粮食播种面积的比值。计算公式为[②]：

$$C10 = \frac{D10_i - D10_{i-1}}{D10_{i-1}} \times 100\%$$

粮食单位产量二氧化碳排放量（C11）是指生产每吨粮食排放的二氧化碳当量（包括CO_2、N_2O、CH_4 3种温室气体），单位是千克二氧化碳当量/吨。本指标基于生命周期评价法（LCA）的粮食生产碳足迹核算模型，计算包括农田上游投入品（化肥、农药、农膜、种子等）的生产加工环节、农田种植环节（耕作、播种、收获、灌溉等）的二氧化碳当量排放量。计算公式为：

---

① 资料来源：根据《全国农产品成本收益资料汇编》（2010—2020年）数据测算。2020年粮食全要素生产率数据是运用指数平滑法的预估数据。

② 资料来源：根据国家统计局官网数据测算。

$$C11 = CHG_{CO_2} + CHG_{N_2O} + CHG_{CH_4}$$

$$CHG_{CO_2} = \sum_i (AD_i \times EF_i)$$

$$CHG_{N_2O} = (E_{N_2O直接} + E_{N_2O沉降} + E_{N_2O淋溶}) \times 265$$

$$CHG_{CH_4} = CH_{4稻田} \times 28$$

式中，CHG_{CO_2}是农田上游投入和种植环节二氧化碳总排放，单位是千克二氧化碳当量，i是各项农业投入或种植环节排放源种类，AD_i是第i种投入或排放源的活动水平数据，EF_i是第i种投入的排放因子。

CHG_{N_2O}是指由于氮肥施用造成的N_2O总排放，单位是千克二氧化碳当量，其中$E_{N_2O直接}$是农田N_2O直接排放量，$E_{N_2O沉降}$是氮挥发后沉降N_2O间接排放量，$E_{N_2O淋溶}$是氮淋溶径流N_2O直接排放量，265是N_2O的100年全球增温潜势（IPCC，2014）。

CHG_{CH_4}是稻田甲烷总排放，单位是千克二氧化碳当量，其中$CH_{4稻田}$是稻田CH_4的排放量，28是CH_4的100年全球增温潜势（IPCC，2014）[①]。

粮食因灾损失面积（C12）是指粮食因灾害造成减产损失的面积。本报告中农作物受灾面积折算损失系数为0.2，农作物成灾面积折算损失系数为0.55，农作物绝收面积折算损失系数为0.9。

$$C12 = 0.2(di - in) + 0.55(in - de) + 0.9de$$

式中，di是指作物受灾面积，in是指作物成灾面积，de是指作物绝收面积[②]。

5. 粮食购买力水平指标

居民人均可支配收入（C13）是居民消费开支的重要决定性因素，用来衡量居民生活水平的变化情况，单位：元[③]。

---

① 资料来源：根据《全国农产品成本收益资料汇编》（2010—2020年）、《中国物价年鉴》（2012—2013年）、《中国价格统计年鉴》（2014—2020年）、《中国农村统计年鉴2020》数据测算。2020年粮食单位产量二氧化碳排放量数据是运用ARIMA模型的预估数据。

② 资料来源：根据国家统计局官方网站数据测算。

③ 资料来源：根据国家统计局官方网站数据测算。

（三）粮食安全评估理论模型

1. 评估模型

首先对粮食及稻谷、小麦、玉米、大豆等重要粮食品种的13个三级指标原始值分别进行指标的无量纲归一化处理。其中正向指标采用取对数方法进行无量纲归一化处理，负向指标采用极值法进行无量纲归一化处理。无量纲化是为了消除多指标综合评价中，计量单位上的差异和指标数值的数量级、相对数的形式差别，解决指标可综合性问题。指标权重由粮食安全领域专家主观赋权法确定。

产业安全指数（Y_i）的计算：

$$Y_i = \sum_{i=1}^{5} W_l C_l$$

式中，W_l为权重，$l=1 \sim 13$；C_l为三级指标；$i=1 \sim 5$，分别代表粮食、稻谷、小麦、玉米、大豆。

二级指标B_i^k的计算：

当$k=1$时，$B_i^1 = \sum_{l=1}^{3} \beta_l C_l$，其中$\beta_1 = \frac{1}{2}$，$\beta_2 = \frac{1}{4}$，$\beta_3 = \frac{1}{4}$

当$k=2$时，$B_i^2 = \sum_{l=4}^{5} \beta_l C_l$，其中$\beta_4 = \beta_5 = \frac{1}{2}$

当$k=3$时，$B_i^3 = \sum_{l=6}^{9} \beta_l C_l$，其中$\beta_6 = \beta_7 = \beta_8 = \beta_9 = \frac{1}{4}$

当$k=4$时，$B_i^4 = \sum_{l=10}^{12} \beta_l C_l$，其中$\beta_{10} = \beta_{11} = \beta_{12} = \frac{1}{3}$

当$k=5$时，$B_i^5 = \sum_{l=13}^{12} \beta_l C_l$，其中$\beta_{13} = 1$

式中，β_l为权重；C_l为三级指标；$i=1 \sim 5$，分别代表粮食、稻谷、小麦、玉米、大豆；B_i^1、B_i^2、B_i^3、B_i^4、B_i^5 分别代表各品种的基础保障水平指数、市场运行形势指数、科技支撑能力指数、资源环境条件指数、购买力水平指数的得分。

2. 指数区间定义

产业安全指数（Y）是对我国粮食产业安全状况判断的指标，用于综合衡量我国粮食产业安全状况。基础保障水平指数（B1）是用来衡量我国粮食供给"够不够"的指标，由粮食自给率、粮食人均占有量、粮食库存消费比构成。市场运行形势指数（B2）是用来衡量我国粮食市场运行"稳不稳"的指标，由粮食市场价格波动风险均值、粮食作物保险深度构成。科技支撑能力指数（B3）是用来衡量科技创新支撑我国粮食安全"能力大小"的指数，由粮食单产增速、粮食品种审定通过数量增速、粮食耕种收综合机械化率、粮食全要素生产率构成。资源环境条件指数（B4）是用来衡量我国资源环境"能否承载"粮食安全的指标，由粮食播种面积增长率、粮食单位产量二氧化碳排放量、粮食因灾损失面积构成。购买力水平指数（B5）是用来衡量城乡居民"能否买得起"的指标，由居民人均可支配收入构成。

以上指数越高表示安全程度越高。指数值80～90判定为基本安全区间，在此区间内表示产业状况基本安全，高于90视为安全，低于80则为不安全（表1-2）。

表1-2　指数安全区间定义

指数	区间		
	安全区间	基本安全区间	不安全区间
产业安全指数	大于90	80～90	小于80
基础保障水平指数	大于90	80～90	小于80
市场运行形势指数	大于90	80～90	小于80
科技支撑能力指数	大于90	80～90	小于80
资源环境条件指数	大于90	80～90	小于80
购买力水平指数	大于90	80～90	小于80

二、粮食产业安全评估

过去10年，我国粮食产业安全指数呈现先升后降走势，总体处于安全区间。未雨绸缪，确保我国粮食产业安全需要深入实施"藏粮于技"和"藏粮于地"战略，切实解决好种子和耕地两个要害问题。

（一）2020年粮食产业安全态势判断

2020年我国粮食产业安全指数为93.68，虽然较2019年下降4.08个点，降幅达到4.17%，但仍处于安全区域。

从分项指数看，基础保障水平、科技支撑能力和购买力水平的指数分值均处于安全区间，市场运行形势和资源环境条件的指数分值处于基本安全区间。其中，基础保障水平、科技支撑能力和购买力水平的指数分值分别为95.78、90.53和96.11，比2019年增加0.52个、0.10个和0.70个点，增幅为0.55%、0.11%和0.73%；市场运行形势、资源环境条件的指数分值则分别下降至86.79和89.87，较2019年下降13.91个和0.07个点，降幅为13.81%和0.08%。

一是基础保障水平稳中向好。2020年我国粮食总产量达到13 390亿斤（1斤=0.50千克，下同）创历史新高，比2019年增加113亿斤（增长0.90%），粮食人均占有量474.22千克，与2019年基本持平；同时，2020年我国粮食自给率和库存消费比分别达到91.35%和74.24%，较2019年提高了1.24个和3.15个百分点，总体上均处于过去10年较高水平。

二是市场运行形势相对严峻。2020年我国粮食作物保险深度为0.87%，与2019年持平，处于过去10年较高水平；但在全球新冠肺炎疫情持续蔓延、蝗虫灾害肆虐非洲多国以及美国宽松货币政策叠加形成的预期效应影响下，全球先后有俄罗斯、乌克兰等14个国家采取禁限制粮食出口措施，推动国际粮价持续上涨。在国内外粮食市场联动性日益增强的背景下，受国际经济形势和粮食市场影响，2020年我国粮食市场价格月度间波动风险均值放大为

1.04%，较2019年增加了0.98个百分点，成为过去10年粮食市场相对不稳定时期。

三是科技支撑能力稳中有进。在《国务院关于加快推进农业机械化和农机装备产业转型升级的指导意见》和加快完善现代种业发展治理体系等政策持续推动下，2020年我国粮食耕种收综合机械化率和粮食作物品种全国审定通过数量增速分别达到89.58%和31.13%，较2019年提高0.74个和4.21个百分点，均处于过去10年中等偏上水平。2020年我国粮食全要素生产率为1.85（2011年设定为基期，基期值为1.00），与2019年基本持平，处于过去10年高位；但受部分地区洪涝灾害和台风影响，2020年我国粮食单产增速回落至0.26%，较2019年降低1.41个百分点，为过去10年较低水平。

四是资源环境条件逐步改善。2020年我国进一步加大对粮食生产的支持力度，提高农民种粮积极性，粮食播种面积止跌回升至17.52亿亩，比2019年增加1 056.00万亩，增速为0.61%，达到过去10年中等水平。随着农业生产方式的绿色转型，化肥、农药使用量显著减少，粮食生产温室气体减排效应明显，2020年我国生产每吨粮食排放的二氧化碳当量进一步下降至565.83千克，处于过去10年排放最低水平。2020年我国粮食因灾损失面积8 091.08万亩，虽然较2019年增加116.52万亩，但总体处于过去10年较低水平。

五是粮食购买力水平不断提升。2020年我国居民人均可支配收入达到32 189元，较2019年增长4.74%，城乡居民粮食购买力水平升至过去10年最高水平。

（二）过去10年粮食产业安全趋势演变

过去10年我国粮食产业总体上处于安全区域，但安全程度呈现先升后降趋势。2011—2019年，除2016年略有回落外，粮食产业安全指数呈持续上升走势，由2011年最低值85.53升至2019年最高值97.76，增加12.23个点，增幅14.30%，但2020年下跌4.08个点，降至93.68（图2-1）。

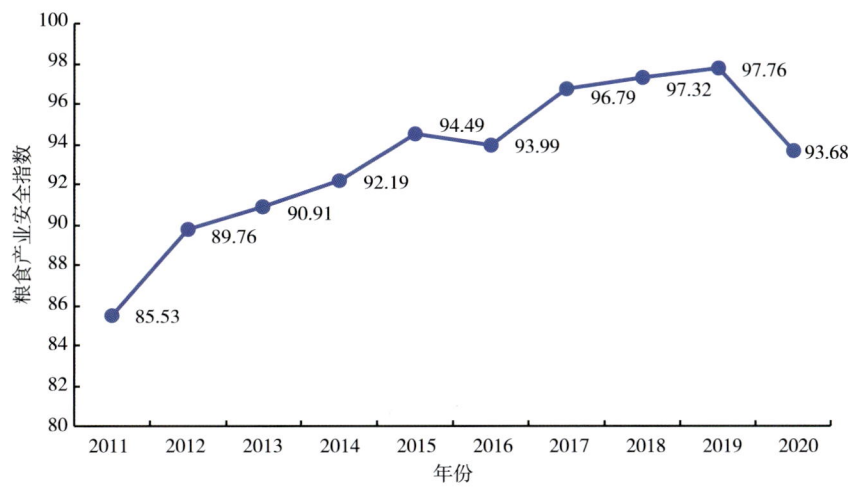

图 2-1　2011—2020 年我国粮食产业安全指数

（资料来源：中国农业科学院农业信息研究所农业产业安全研究团队）

1. 粮食基础保障水平

2011—2020年，我国粮食基础保障水平指数总体上在92～98区间运行，且呈现"升—降—升"的小幅震荡走势（图2-2）。

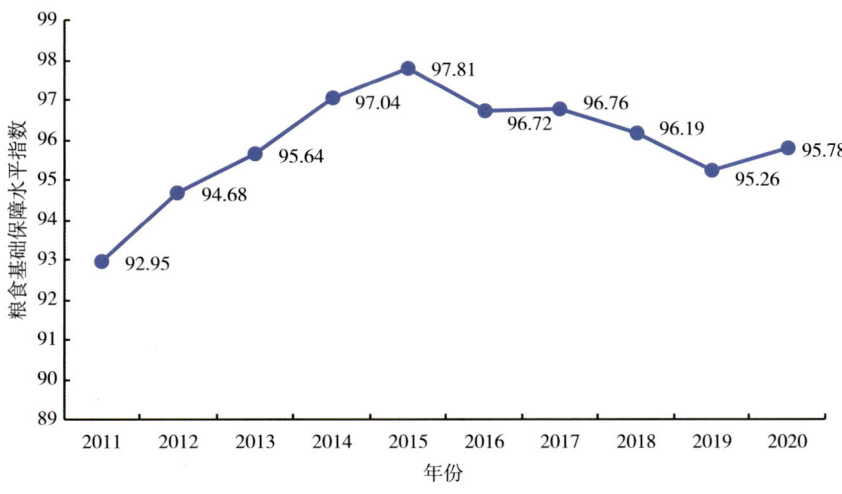

图 2-2　2011—2020 年我国粮食基础保障水平指数

（资料来源：中国农业科学院农业信息研究所农业产业安全研究团队）

2011—2015年，我国出台了一系列扶持粮食生产的措施，粮食综合生产能力得到有效提升，总产量持续快速增长，同时消费量平稳增长，使得我国粮食自给率、人均占有量和库存消费比呈增长态势，推动我国粮食基础保障水平指数分值由2011年的92.95提升至2015年的97.81，增加4.86个点。2016—2019年，随着农业供给侧结构性改革的深入推进，部分粮食作物种植面积调减导致粮食自给率和库存消费比出现波动，分别下降至90.11%和71.09%，致使粮食基础保障水平指数分值在此期间下降1.46个点。2020年全球新冠肺炎疫情的暴发再次凸显了粮食作为重要战略物资的极端重要性，2020年中央一号文件提出"粮食生产要稳字当头，稳政策、稳面积、稳产量"，释放了鲜明的政策信号，我国粮食基础保障水平指数分值由此迅速反弹至95.78，较2019年上升0.52个点（图2-2、图2-3）。

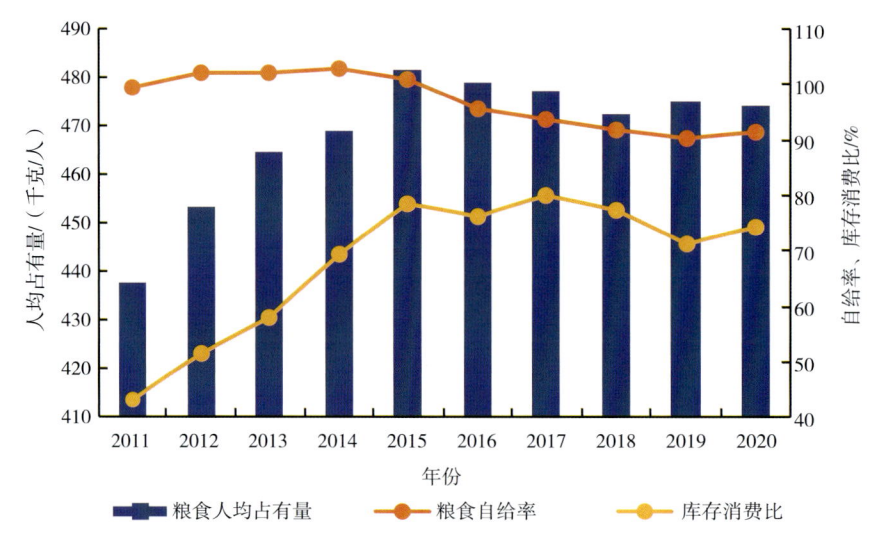

图 2-3 2011—2020年我国粮食人均占有量、自给率和库存消费比

2. 粮食市场运行形势

2011—2020年，我国粮食市场运行形势指数基本上呈现倒"U"型曲线走势，在86～101区间频繁震荡，且波动幅度较大（图2-4）。

我国粮食市场运行形势指数高位为2018年100.97，低位为2020年86.79。从粮食生产的稳定性看，2012年国务院颁布的《农业保险条例》标志着我国农业保险进入规范化、法制化发展的新阶段，粮食作物保险深度开始稳步提高。2018年财政部、农业农村部、银保监会共同印发《关于开展三大粮食作物完全成本保险和收入保险试点工作的通知》，进一步促进我国农业保险转型升级，推动粮食作物保险深度快速提升到0.91%的阶段性高点。从粮食价格的稳定性看，以最低收购价、临时收储政策、目标价格制度等为主要手段的政策工具一度实现对粮食市场价格波动风险的有效管控（月度间价格波动风险均值低于1%），随着以玉米为代表的饲料粮供给缺口带动稻谷、小麦市场走强以及国内外市场联动性增强所形成的预期效应凸显，我国粮食市场价格风险波动均值在2020年达到10年来的峰值1.04%（图2-4、图2-5）。

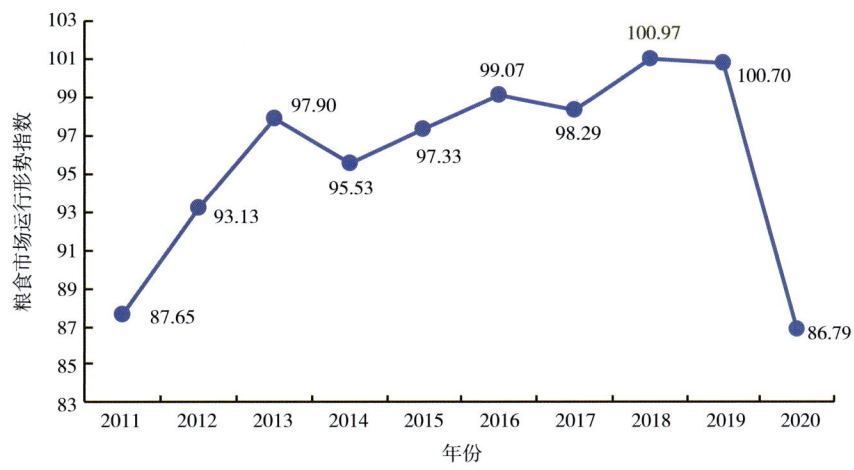

图 2-4 2011—2020 年我国粮食市场运行形势指数

（资料来源：中国农业科学院农业信息研究所农业产业安全研究团队）

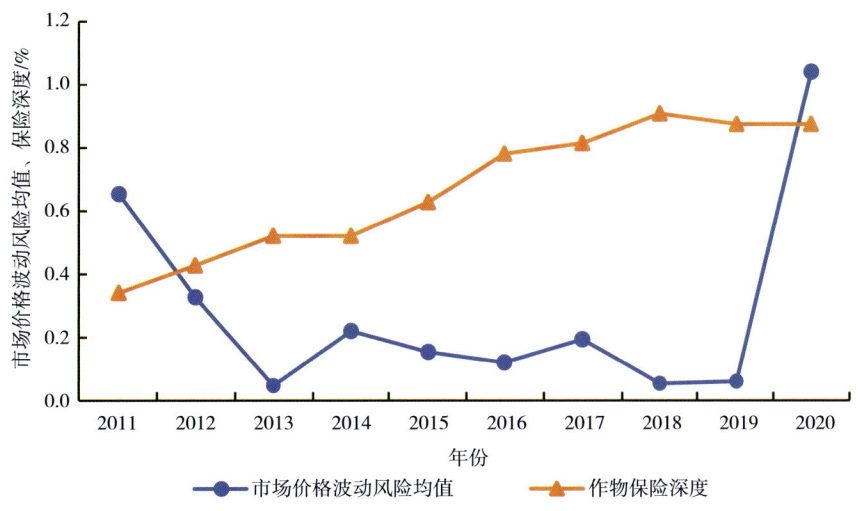

图 2-5 2011—2020 年我国粮食市场价格波动风险均值和保险深度

3. 粮食科技支撑能力

2011—2020年，我国粮食科技支撑能力指数在86~91区间运行，呈震荡并小幅上升的走势（图2-6）。

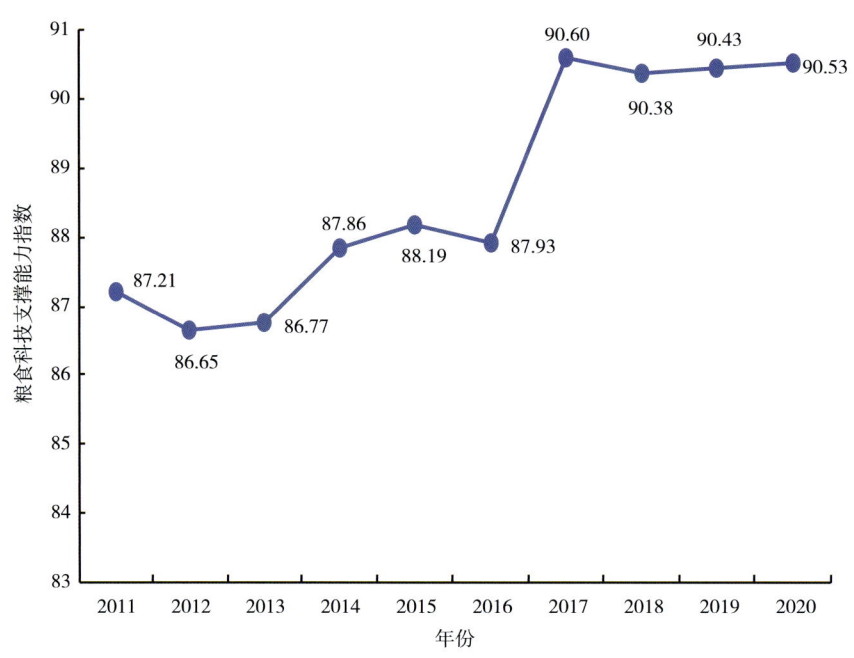

图 2-6　2011—2020 年我国粮食科技支撑能力指数

（资料来源：中国农业科学院农业信息研究所农业产业安全研究团队）

我国粮食耕种收综合机械化率和粮食全要素生产率持续提升，分别由2011年的74.62%、1.00提高到2020年的89.58%、1.85，成为科技支撑能力指数上行的重要驱动力。与此同时，随着2011年《关于加快推进现代农作物种业发展的意见》的出台，通过国家审定的粮食作物品种数量快速增加，特别是2017年粮食新品种申请数量增速达到63.49%，直接推动科技支撑能力指数站上90.60高位。不过在人工成本和土地成本逐年上升的推动下，个别年份来源于种粮的收入以及利润率甚至已经降为负值，导致粮食单产持续增产内生动力相对不足，我国粮食单产增速已经从2011年4.06%波动下滑至2020年0.26%，换言之，粮食单产水平逼近阶段性峰值，使得过去10年科技支撑能力指数未现大幅提升（图2-6、图2-7）。

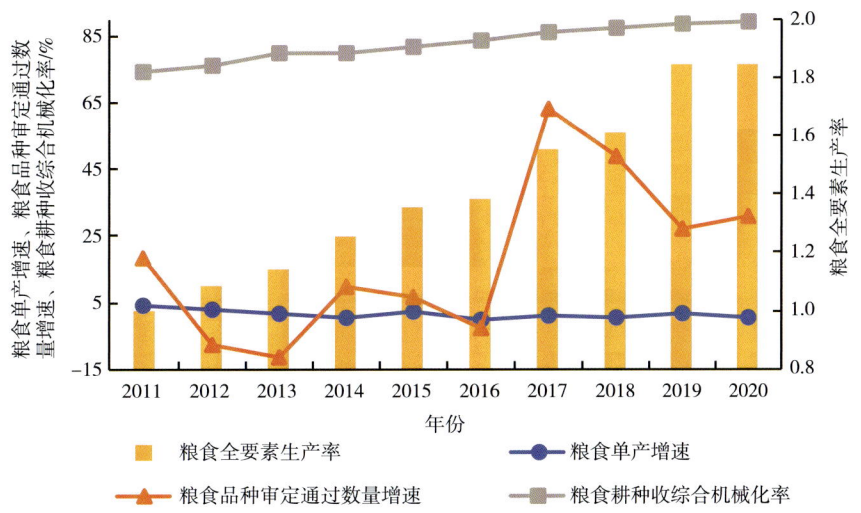

图 2-7　2011—2020 年我国粮食单产增速、品种审定通过数量增速、
耕种收综合机械化率和全要素生产率

4. 粮食资源环境条件

2011—2020年，我国粮食资源环境条件指数稳定在80～90区间，呈震荡上升走势（图2-8）。

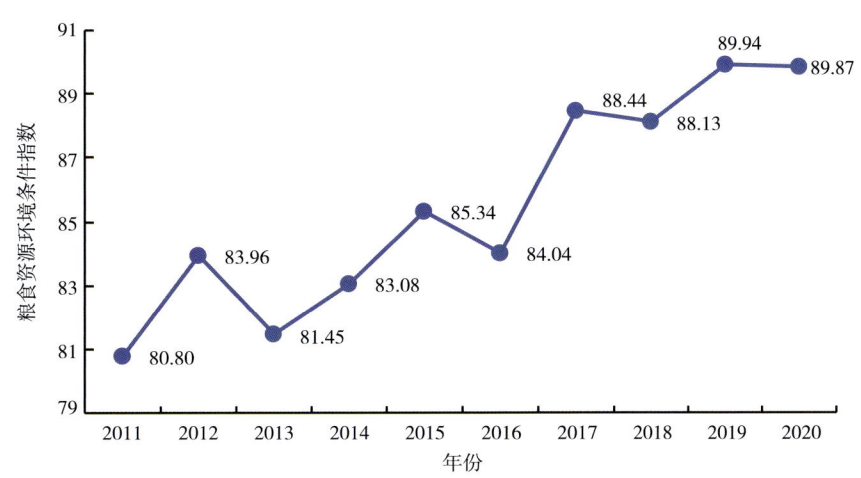

图 2-8　2011—2020 年我国粮食资源环境条件指数

（资料来源：中国农业科学院农业信息研究所农业产业安全研究团队）

从粮食播种面积看，坚决遏制耕地"非农化"、防止"非粮化"的政策底线十分明确，我国已经扭转2017—2019年粮食播种面积连续3年负增长的趋势，2020年粮食播种面积实现正增长0.61%。随着测土配方施肥、统

防统治、绿色防控、地膜覆盖等先进技术大面积推广，特别是2015年农业部（现农业农村部）印发了《到2020年化肥使用量零增长行动方案》《到2020年农药使用量零增长行动方案》，化肥、农药施用总量连年下降、利用效率不断提升，我国生产每吨粮食排放的二氧化碳当量已由2011年687.86千克降低到2020年565.83千克，即过去10年平均生产每吨粮食减排122.03千克二氧化碳当量，降幅达到17.74%，成为资源环境条件指数上行的主要驱动力。与此同时，得益于防灾减灾技术的推广使用，过去10年我国粮食因灾损失率呈下降趋势，整体降幅达到35.45%，其中2019年为过去10年最低值7 974.56万亩，直接推动粮食资源环境条件指数创下89.94新高（图2-8、图2-9）。

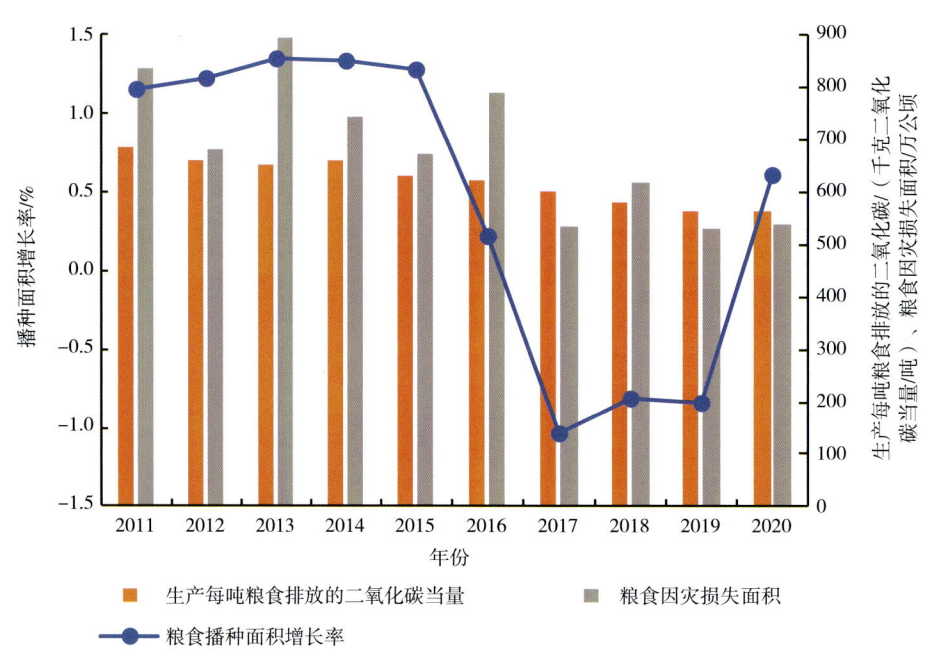

图2-9　2011—2020年我国粮食播种面积增长率、单产二氧化碳排放量和因灾损失面积

5. 粮食购买力水平

2011—2020年，我国居民人均可支配收入水平增长较快，推动我国粮食购买力水平指数由84.32提升至96.11，增幅达到13.98%，表明"保证任何人在任何时候既能买得到又能买得起为维持生存和健康所必需的足够食品"的购买力水平已整体迈上新的台阶（图2-10）。

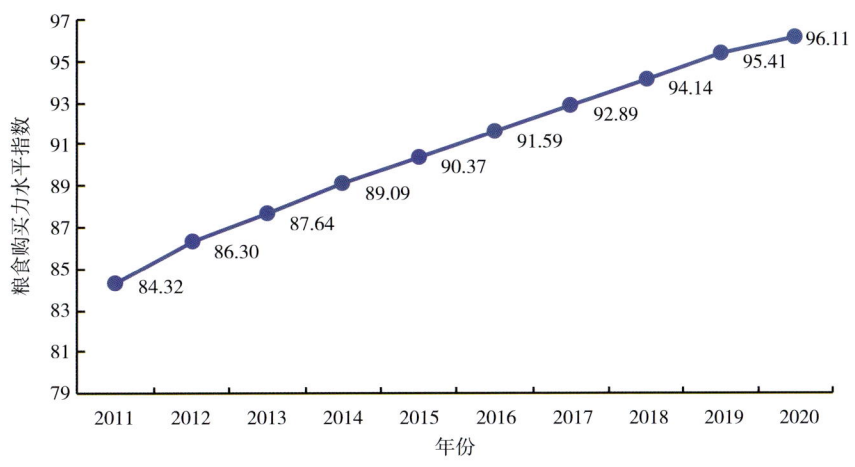

图 2-10　2011—2020 年我国粮食购买力水平指数

（资料来源：根据国家统计局数据测算）

（三）粮食产业安全面临的重大挑战

从粮食产业安全评估结果来看，我国粮食产业安全主要面临两大方面的挑战。

一方面是要解决好种子问题。种子作为"农业芯片"，对于确保国家粮食产业安全始终居于支配地位。尽管近几年我国粮食新品种审定增速均超过25%，作为口粮的稻谷和小麦完全用的是自主品种且单产水平较高，同时外资企业和外国进口的种子占比分别不到3%和1%，但目前我国玉米、大豆单产水平只有发达国家的50%～60%，在很大程度表明我国玉米和大豆种子与国外差距较大。特别是在我国粮食单产增速放缓、持续增产内生动力相对不足的情形下，迫切需要坚持把科技自立自强摆上突出位置，以"藏粮于技"为抓手，集中资源、集中力量、集中攻关、集中突破，解决优质抗病虫水稻、节水抗病小麦、籽粒机收玉米、高产高蛋白大豆等粮食优种的"卡脖子"问题，坚决打好种业翻身仗，为粮食增产、提质和增效提供支撑。

另一方面是要解决好耕地问题。耕地作为粮食生产的重要基础，是确保国家粮食产业安全的根本保证。迫切需要稳数量、提质量，严防死守18亿亩耕地红线，守住粮食生产的命根子。需要特别指出的是，据测算，倘若未来要实现玉米和大豆国内完全自给，仅耕地资源，我国就需要再增加10亿亩左右的种植面积，这显然不符合国情农情；同时，我国耕地等水土资源条件相对较好的南方省份，过去10年却成为玉米、大豆播种面积下滑最快的主要省份，"北增南减"的"路径依赖"导致耕地等水土资源空间不匹配、甚至是"错配"。迫切需要以"藏粮于地"为抓手，统筹抓好我国玉米和大豆生产与贸易，逐步扭转"北增南减"趋势为"北稳南增"，着力推动落实南方耕地资源条件优越地区口粮和玉米播种面积底线要求，为粮食增产、提质和增效提供基础支撑。

三、稻谷产业安全评估

我国稻谷播种面积和产量分别约占粮食的26%和35%，在口粮消费中占到60%。过去10年我国稻谷产业安全指数呈现稳步上升态势，总体处于安全区间。未雨绸缪，确保我国稻谷产业安全迫切需要以"丰产减排"为抓手，确保"口粮绝对安全"，同时助力实现农业领域碳中和、碳达峰。

（一）2020年稻谷产业安全态势判断

2020年我国稻谷产业安全指数为95.15，虽较2019年下降1.80个点，降幅达到1.86%，但总体仍处于安全区间。

从分项指数看，基础保障水平、市场运行形势和科技支撑能力的指数处于安全区间，资源环境条件指数处于基本安全区间。其中，基础保障水平和科技支撑能力的指数分值分别达到94.46和90.70，较2019年增加0.16、0.41个点；市场运行形势和资源环境条件的指数分值则分别下降至93.41、89.85，较2019年下降6.50、0.07个点，降幅分别为6.51%和0.08%。

一是基础保障水平稳中有升。2020年我国稻谷总产量2.12亿吨，较2019年增加225万吨（增幅1.07%），使得稻谷人均占有量略增为150.07千克，不过仍处于过去10年较低水平。2020年稻谷库存消费比达到69.31%，较2019年略增0.09个百分点，处于过去10年较高水平。2020年我国稻谷自给率为99.37%，较2019年提升了0.91个百分点，虽然总体上处于过去10年中等偏下水平，但守住了"口粮绝对安全"的稻谷保障底线。

二是市场运行形势总体平稳。2020年我国稻谷保险深度为0.96%，与2019年基本持平，总体处于过去10年最高水平。2020年受国内稻谷收购价格尤其是籼稻价格大幅上涨、稻谷饲用需求增加以及国际米价大幅上涨的传导以及预期效应影响，稻谷月度间市场价格波动风险均值达到0.47%，较2019年提高了0.36个百分点，处于过去10年风险相对较高位置。

三是科技支撑能力稳步提升。2020年我国水稻种质创新与品种选育均取得新的进展，国家审定品种通过数量增速达到43.94%，较2019年提高13.90个百分点，增幅为46.27%，处于过去10年相对较高水平；与此同时，我国稻谷耕种收综合机械化率达到84.35%，较2019年提高0.62个百分点，总体处于过去10年最高水平。2020年我国稻谷全要素生产率达到1.85（2011年设定为基期，基期值为1.00），与2019年持平，处于过去10年高位；但受南方洪涝灾害以及重大病虫害偏重发生等因素的干扰，我国稻谷单产略微下降为469.61千克/亩，也就是说，稻谷单产增速由正转负，较2019年下滑0.59个百分点，总体位于过去10年较低水平。

四是资源环境条件有所改善。在中央鼓励恢复双季稻以及加大双季稻生产补贴等一系列激励政策作用下，2020年我国稻谷播种面积触底恢复至4.51亿亩，较2019年增加了579万亩，增幅为1.30%，处于过去10年最高水平；虽然我国南方洪涝灾害导致稻谷因灾损失面积达到2 084.30万亩，较2019年略增44.07万亩，但总体上是过去10年灾害相对较轻的年份。随着稻作技术创新变革以及水肥管理等技术的推广，2020年我国生产每吨稻米排放的二氧化碳当量为1 098.51千克，延续2019年创下的10年来最低排放水平。

（二）过去10年稻谷产业安全趋势演变

过去10年，我国稻谷产业总体上处于安全区域，安全程度呈"先增后降"趋势。2011—2019年，稻谷产业安全指数呈持续上升走势，由83.44攀升至最高值96.95，增加了13.51个点，增幅16.19%；但2020年受稻谷价格上涨的影响，稻谷产业安全指数回落至95.15（图3-1）。

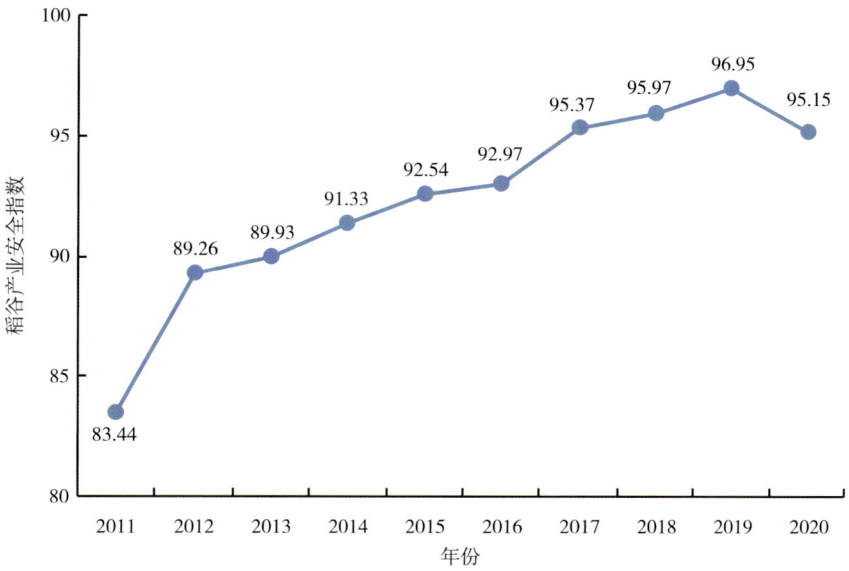

图 3-1　2011—2020 年我国稻谷产业安全指数

（资料来源：中国农业科学院农业信息研究所农业产业安全研究团队）

1. 稻谷基础保障水平

2011—2020年，我国稻谷基础保障水平指数总体在93~96区间，呈现"升—降—升"的小幅震荡走势。我国稻谷基础保障能力指数高位为2017年95.16，低位为2011年93.04，相差2.12个点，波动幅度较小（图3-2）。

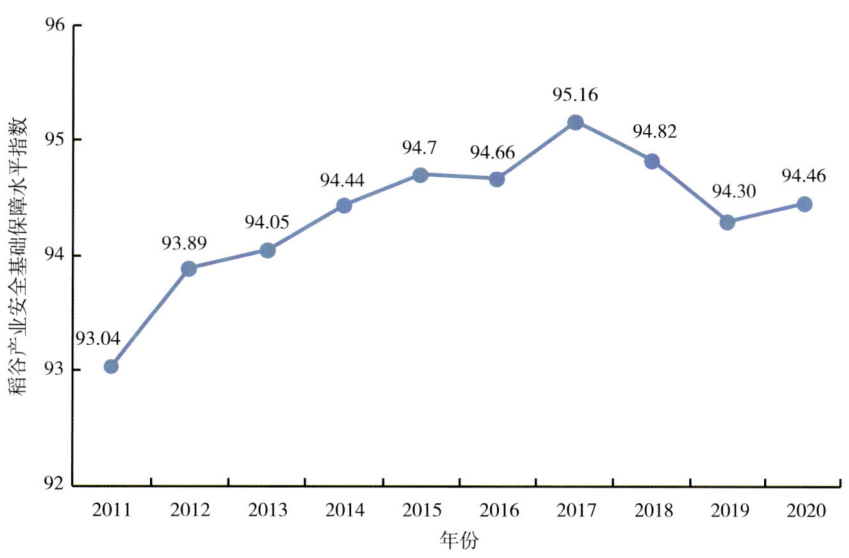

图 3-2　2011—2020 年我国稻谷基础保障水平指数

（资料来源：中国农业科学院农业信息研究所农业产业安全研究团队）

2011—2017年，我国稻谷播种面积、单产和总产量总体呈现波动上行走势，推动我国稻谷自给率、库存消费比和人均占有量波动增长，稻谷基础保障水平指数分值从2011年93.04稳步上升至2017年95.16，其间增加2.12个点，涨幅为2.28%。2018—2020年，随着我国稻谷综合生产能力高位震荡，稻谷自给率、库存消费比和人均占有量总体呈现下降趋势，特别是在2019年，我国稻谷自给率、库存消费比和人均占有量分别探底至98.46%、69.22%和150.00千克/人，稻谷基础保障水平指数相应跌至94.30，2020年我国稻谷播种面积恢复增长，推动基础保障水平指数触底回升至94.46（图3-2、图3-3）。

图3-3　2011—2020年我国稻谷人均占有量、自给率和库存消费比

2. 稻谷市场运行形势

2011—2020年，我国稻谷市场运行形势指数整体呈现倒"U"型曲线走势，在82～100区间震荡波动（图3-4）。

过去10年我国稻谷市场受宏观调控影响较大，总体波澜不惊。其中2011年由于品种结构以及产销区域失衡等原因，"籼强粳弱"和"稻强米弱"使得月度间价格波动风险均值达到峰值0.81%，打压稻谷市场运行形势指数降至低点82.60；2016年我国开启稻谷最低收购价下调模式，2017—2019年政策继续发力，加之供需格局总体宽松，使得月度间价格波动风险均值连续下降到0.11%,特别是稻谷在完全成本保险和收入保险试点政策的推进下,2019年我国稻谷保险深度持续攀升至0.96%,共同推动稻谷市场运行形势指数在波动中上升到高点99.91(图3-4、图3-5)。

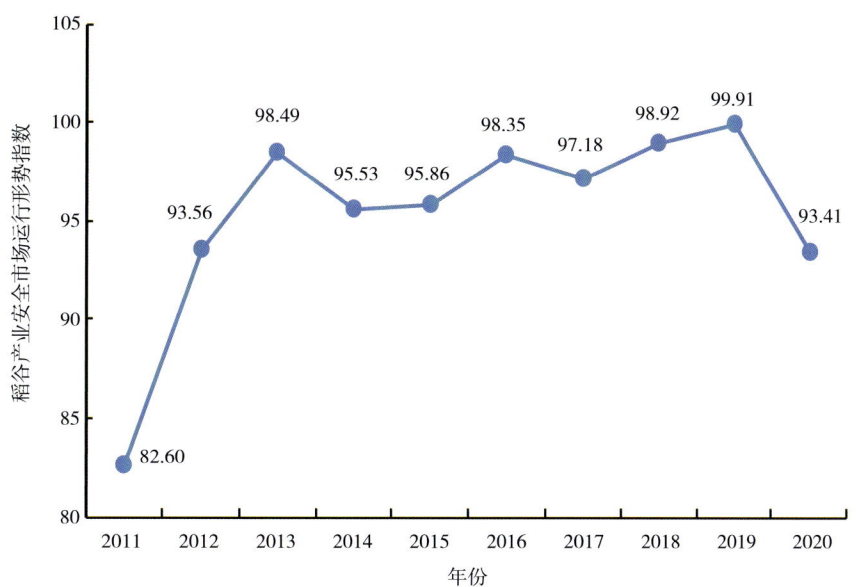

图 3-4　2011—2020 年我国稻谷市场运行形势指数

(资料来源:中国农业科学院农业信息研究所农业产业安全研究团队)

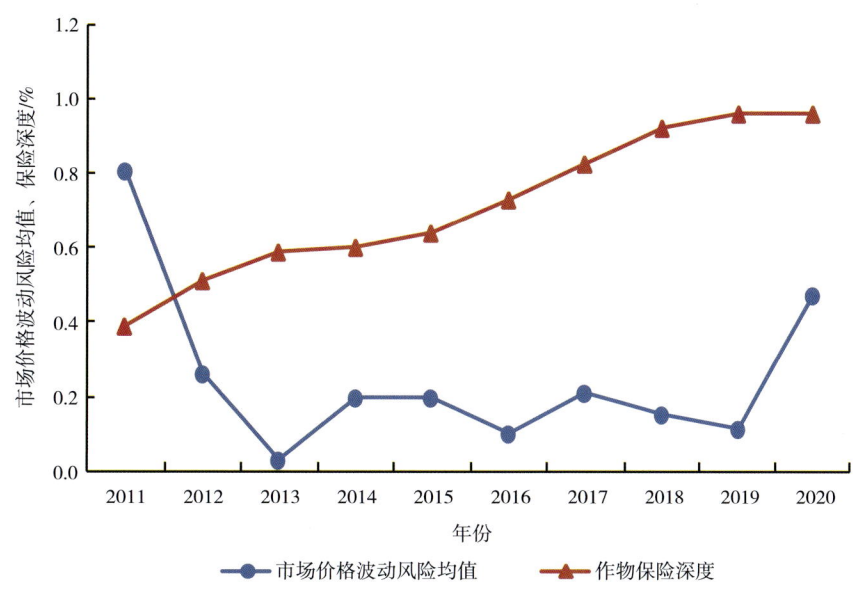

图 3-5　2011—2020 年我国稻谷市场价格波动风险均值和保险深度

3. 稻谷科技支撑能力

2011—2020年，我国稻谷科技支撑能力指数总体上在85～91区间保持稳定上升走势（图3-6）。

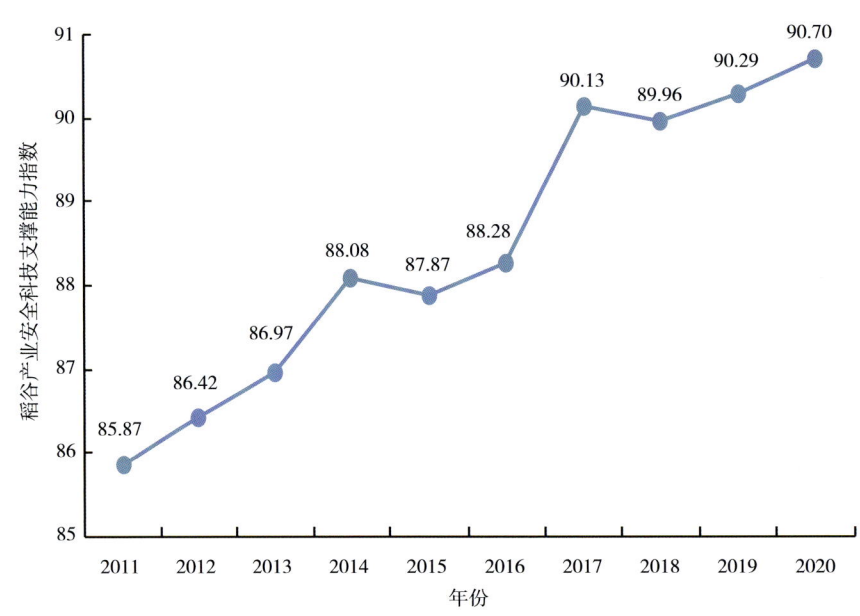

图 3-6 2011—2020 年我国稻谷科技支撑能力指数

（资料来源：中国农业科学院农业信息研究所农业产业安全研究团队）

过去10年我国稻谷全要素生产率和耕种收综合机械化率实现稳步提升，分别从2011年1.00、65.07%提高至2020年1.85、84.35%，确保科技支撑能力指数呈上升趋势；随着我国稻谷育种创新能力进一步提升，特别是"超级稻计划"等创新理念与计划的实施，光温敏不育材料的发掘利用、两系法水稻育种新技术的创立等，稻谷新品种审定数量不断增加，推动稻谷科技支撑能力指数分值攀升至90.70。我国稻谷单产从2011年445.82千克/亩提高到2020年469.61千克/亩，10年间每亩稻谷单产提高了24千克左右，增幅为5.34%，年均增速仅为0.58%，特别是在2013年、2016年和2020年，分别出现-0.88%、-0.37%和-0.13%的负增长。由此不难发现，我国稻谷单产增速总体呈现稳中趋降的态势，导致稻谷科技支撑能力指数未现大幅提升（图3-6、图3-7）。

图 3-7　2011—2020 年我国稻谷单产增速、品种审定通过数量增速、耕种收综合机械化率和全要素生产率

4. 稻谷资源环境条件

2011—2020年，我国稻谷资源环境条件指数在80～90区间，呈波动上升走势（图3-8）。

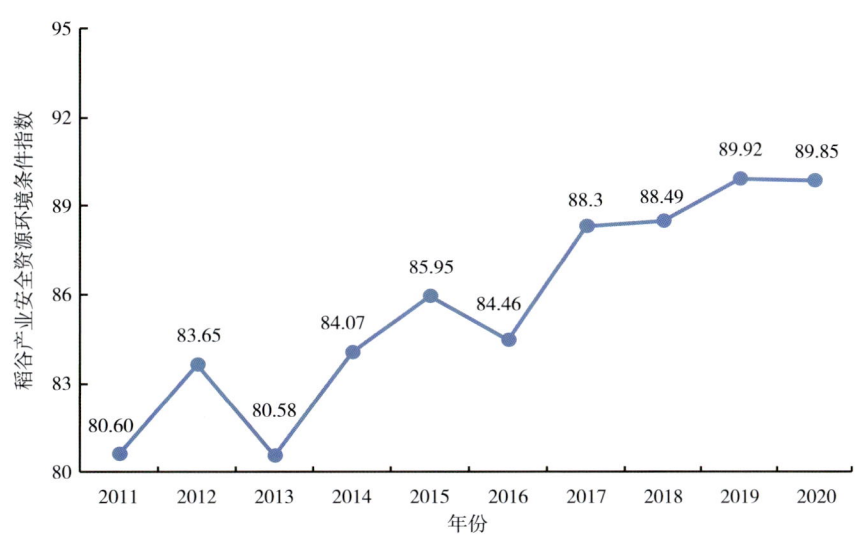

图 3-8　2011—2020 年我国稻谷资源环境条件指数

（资料来源：中国农业科学院农业信息研究所农业产业安全研究团队）

过去10年我国稻谷品种结构优化调整加快，适当调减低质低效区水稻种植面积，增加优质水稻种植比例，使得稻谷播种面积增速总体呈下降趋

势，特别是在2016年、2018年和2019年分别出现-0.12%、-1.81%和-1.64%的负增长，对我国稻谷资源环境条件指数的上行造成不利影响。不过所幸得益于稻作北移、稻作技术的改进和抗逆稳产、精准轻简化绿色增长集成模式的推广，我国生产每吨稻谷二氧化碳当量排放量从2011年1 208.50千克持续下降至2020年1 098.51千克，10年间下降了9.10%；与此同时，我国稻谷因灾损失面积也从2011年的3 365.69万亩下降至2020年的2 084.30万亩，降幅达到38.07%，其中2019年因灾损失面积为2 040.23万亩，共同支撑稻谷资源环境条件指数从80.60上行至89.92高位（图3-8、图3-9）。

图3-9　2011—2020年稻谷单产二氧化碳排放量、因灾损失面积和播种面积增长率

（三）稻谷产业安全面临的重大挑战

从2011—2020年我国稻谷产业安全评估结果来看，目前稻谷产业安全主要面临以下挑战。

水稻是我国重要的口粮作物，而稻田是全球温室气体甲烷的重要排放源之一。相关数据显示，我国农业温室气体排放量占全国排放总量的7.90%，水稻种植约占农业二氧化碳排放总量的12.80%。因此，如何协调好水稻丰产与减少碳排放对保障国家粮食安全意义重大。尽管过去10年我国水稻单产二氧化碳排放量呈持续下降趋势，但仍显著高于小麦、玉米和大豆生产的排放量。从水稻生产全过程碳排放组成来看，稻田甲烷排放以及氮肥等农用化学品投入量是影响水稻碳减排的重要因素。迫切需要探讨水稻生产高产减排策略，走低碳稻作发展之路，进一步推动水稻绿色可持续生产，在保障国家粮食安全的同时，助力实现农业领域碳达峰、碳中和。

四、小麦产业安全评估

我国小麦播种面积和产量均占粮食的20%左右，在口粮消费中约占40%。过去10年我国小麦产业安全指数呈现震荡整理走势，总体处于安全区间。未雨绸缪，确保我国小麦产业安全迫切需要以"推保险"为抓手，优先解决好市场运行形势面临考验这个关键问题，确保"口粮绝对安全"。

（一）2020年小麦产业安全态势判断

2020年我国小麦产业安全指数为94.35，虽然较2019年下降1.66个点，降幅1.73%，但总体仍处于安全区间。

从分项指数看，基础保障水平指数处于安全区间，市场运行形势指数、科技支撑能力指数和资源环境条件指数处于基本安全区间。其中，基础保障水平、科技支撑能力和资源环境条件的指数分值达到98.08、89.94和89.67，分别较2019年增加0.34个、1.29个和0.08个点；但市场运行形势指数分值却下挫7.44个点，探至85.98，同比降幅为7.96%。

一是基础保障水平持续提升。2020年我国小麦总产量创下历史新高，产量2 685亿斤，较2019年增加13亿斤（增幅0.49%），小麦人均占有量95.09千克，与2019年持平略减。2020年我国小麦自给率达103.38%，虽然总体上处于过去10年中等水平，但守住了"口粮绝对安全"的小麦保障底线；同时，2020年我国小麦库存量大体相当于全国人民1年的消费量，库存消费比高达108.73%，较2019年上升7.75个百分点，是过去10年最为充裕的一年。

二是市场运行形势稳中承压。2020年受国内小麦饲用消费大幅增加和玉米价格大幅上涨的传导影响，小麦月度间市场价格波动风险均值达到0.55%，较2019年提高了0.29个百分点，处于过去10年风险高位；加之2020年我国小麦保险深度为0.77%，虽然总体仍处于过去10年相对较高水平，但较2019年呈现持平徘徊走低之势，并且显著低于稻谷、玉米和大豆的保险深度。

三是科技支撑能力逐步提高。2020年我国小麦公益性研究与商业化育种"双轮驱动"的效果进一步凸显，新增小麦国家审定品种372个，较2019年增加83个，增速达到约28.72%，处于过去10年相对较高水平；与此同时，我国小麦耕种收综合机械化率较2019年提高了0.83个百分点，达到97.19%，处于过去10年最高水平。2020年我国小麦全要素生产率达到1.52（2011年设定为基期，基期值为1.00），仅次于2019年（1.53），推动小麦单产再创历史新高，达到383.00千克/亩，比2019增长2.04个百分点，虽然增速较2019年略有收窄，但总体位于过去10年相对较高位置。

四是资源环境条件略有改善。受华北地区对地下水超采区实施季节性休耕限采等因素影响，2020年我国小麦播种面积较2019年进一步减少了522万亩，下滑至3.51亿亩，处于过去10年较低水平，但降幅较2019年收窄0.75个百分点，小麦播种面积持续下滑的态势初步得到遏制；得益于主要气象灾害防控技术、"一喷三防"技术的推广应用，2020年我国小麦因灾损失面积降至1 620.05万亩，为过去10年防灾减灾形势最好的年份；与此同时，随着养分高效利用小麦品种推广、化肥农药等投入品使用量减少，2020年我国生产每吨小麦排放的二氧化碳当量为458.72千克，较2019年下降了0.11%，总体上处于过去10年二氧化碳排放的较低水平。

（二）过去10年小麦产业安全趋势演变

过去10年我国小麦产业总体上处于安全区间，安全程度呈现震荡上升走势。其间，2016年小麦产业安全指数在经历连续4年上升后首次下降至90.87，随后指数分值连续两年直线上涨，2018年达到最高值97.64，但2019年再次下滑至96.01，2020年则进一步跌至94.35（图4-1）。

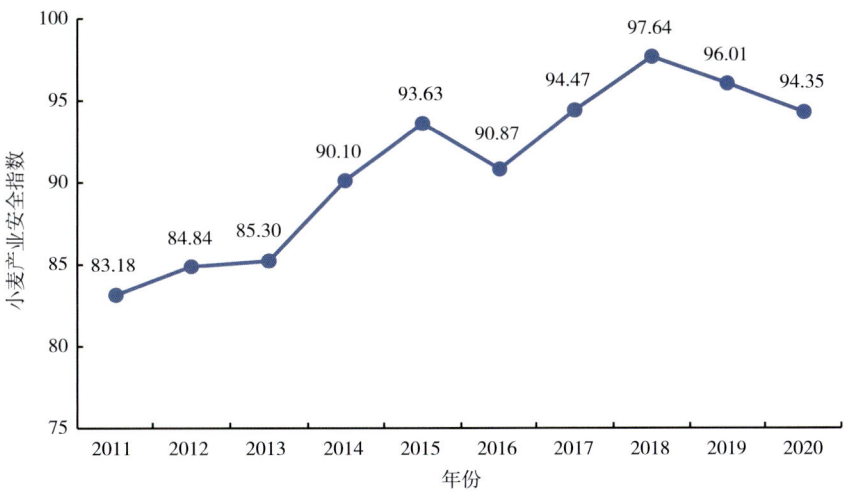

图 4-1　2011—2020 年我国小麦产业安全指数

（资料来源：中国农业科学院农业信息研究所农业产业安全研究团队）

1. 小麦基础保障水平

2011—2020年，我国小麦基础保障水平指数在89~99区间运行，总体上呈稳步上升走势，但近两年增幅有所收窄（图4-2）。

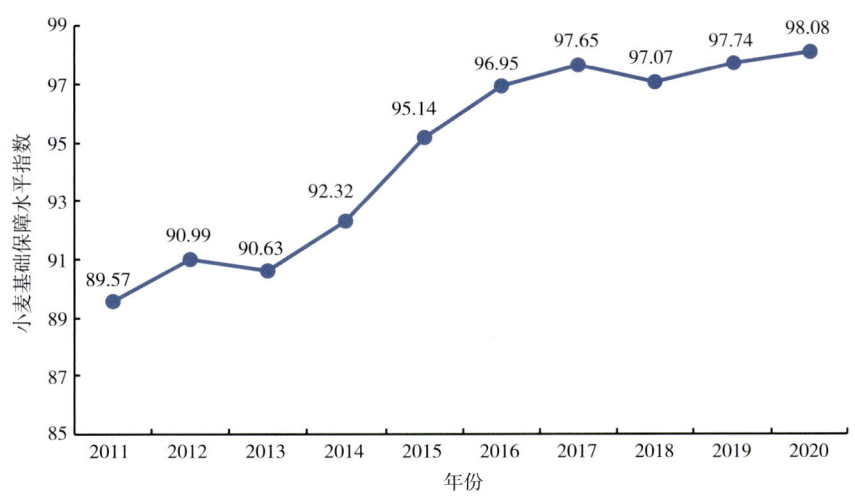

图 4-2　2011—2020 年我国小麦基础保障水平指数

（资料来源：中国农业科学院农业信息研究所农业产业安全研究团队）

2011—2017年，我国小麦供需格局持续宽松，小麦自给率和人均占有量分别在2016年和2017年达到111.71%和96.90千克的峰值，小麦基础保障水平指数分值快速提升，从2011年89.57上升至2017年97.65，其间增加8.08个点，涨幅约为9.02%。2018—2020年，由于我国小麦综合生产能力高位震荡，小麦自给率和人均占有量均出现持续下滑，但得益于小麦库存消费比的稳步提升，特别是近两年小麦库存消费比均超过100%，小麦基础保障水平指数从2018年97.07缓慢恢复至2020年98.08，略高于2017年97.65指数分值（图4-2、图4-3）。

图4-3　2011—2020年我国小麦人均占有量、自给率和库存消费比

2. 小麦市场运行形势

2011—2020年我国小麦市场运行形势指数总体上呈现"M"型曲线走势，在83～100区间反复震荡，且波动幅度较大（图4-4）。

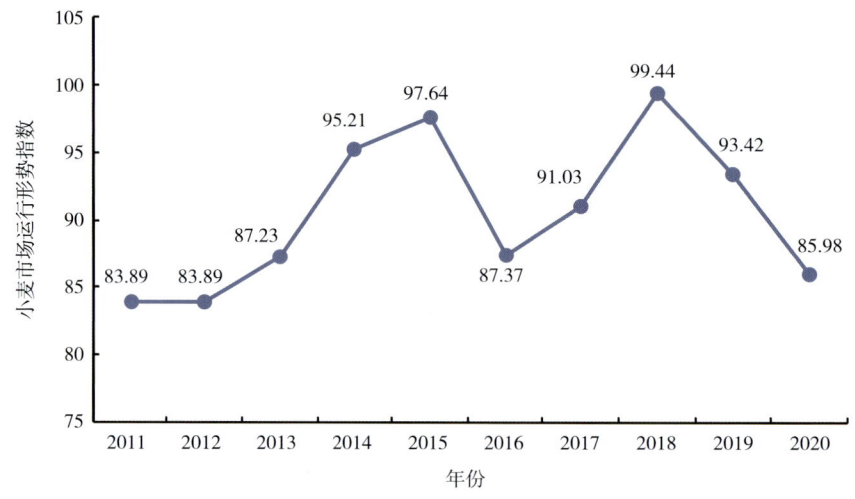

图4-4　2011—2020年我国小麦市场运行形势指数

（资料来源：中国农业科学院农业信息研究所农业产业安全研究团队）

2011—2015年,主要得益于小麦最低收购价托市效应凸显,小麦月度间价格波动均值显著下降,同时小麦保险深度稳步提高,我国小麦市场运行形势指数由83.89大幅提升至97.64,增长13.75个点,增幅达到16.39%。2016—2020年,我国小麦保险深度提升速度低于预期,加之在"去库存、调结构、降产能"的政策引导下,小麦最低收购价托市空间越来越小,同时由于2016年国内小麦主产区出现极端气候灾害,致使小麦产量和质量均有不同程度下降,再因2020年全球新冠肺炎疫情导致短期内市场出现阶段性供需缺口矛盾,我国小麦市场运行形势指数在2016年和2020年出现两次探底,分别跌至87.37和85.98(图4-4、图4-5)。

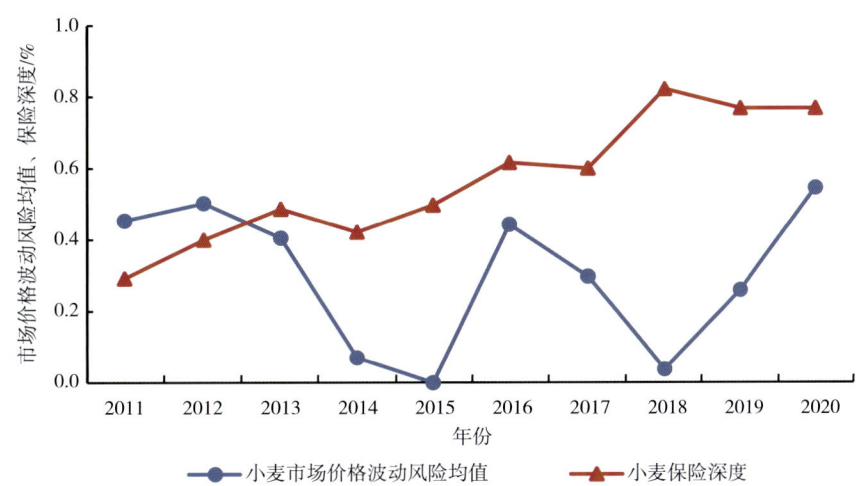

图4-5　2011—2020年我国小麦市场价格波动风险均值和保险深度

3. 小麦科技支撑能力

2011—2020年我国小麦科技支撑能力指数总体上在86～91区间保持基本稳定(图4-6)。

2011—2020年我国小麦单产大幅提升,从322.48千克/亩提高到383.00千克/亩,10年间每亩小麦单产提高了60.52千克,增幅为18.77%,年均增速1.93%,除个别年份外,我国小麦单产增速总体趋于稳定,为科技支撑能力指数的平稳运行奠定了坚实基础。过去10年我国小麦全要素生产率和耕种收综合机械化率稳步提升,分别从2011年的1.00和92.62%提高至2020年的1.52

和97.19%。伴随着我国种业创新支持政策力度不断加大，不断推进小麦良种重大科研联合攻关，小麦品种审定总数达到2 066个，特别是2011年和2018年新增小麦国家审定品种增速分别达到87.36%和81.67%，推动我国小麦科技支撑能力指数分值分别攀至89.75和90.67（图4-6、图4-7）。

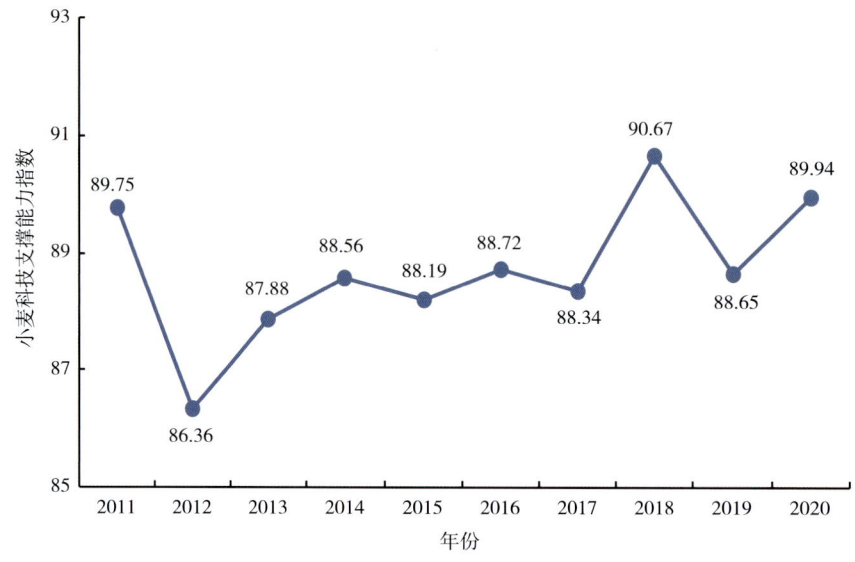

图4-6　2011—2020年我国小麦科技支撑能力指数

（资料来源：中国农业科学院农业信息研究所农业产业安全研究团队）

图4-7　2011—2020年我国小麦单产增速、品种审定通过数量增速、耕种收综合机械化率和全要素生产率

4. 小麦资源环境条件

2011—2020年，我国小麦资源环境条件指数在80～90区间运行，且呈小幅波动稳定上升的走势（图4-8）。

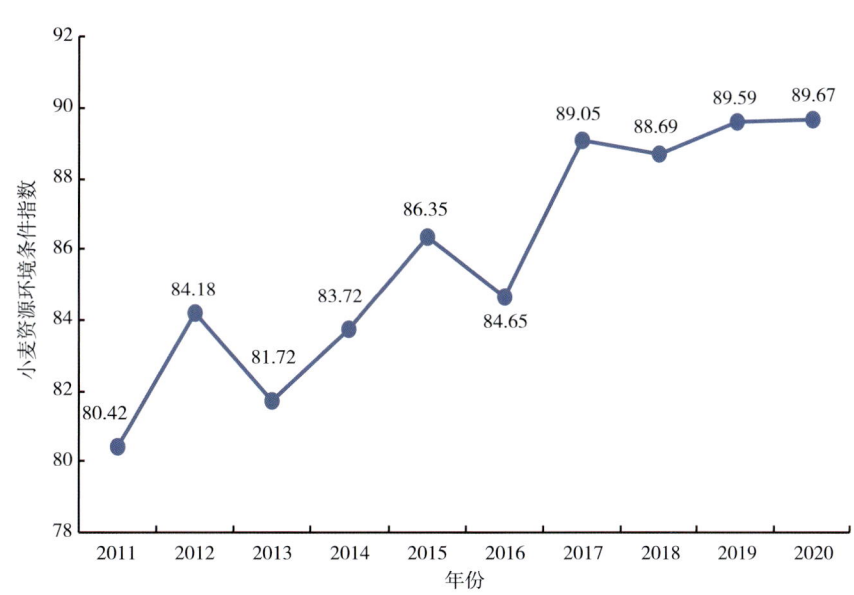

图 4-8　2011—2020 年我国小麦资源环境条件指数

（资料来源：中国农业科学院农业信息研究所农业产业安全研究团队）

受近年来各地推进农业供给侧结构性改革、优化粮食种植结构、调整小麦区域布局的影响，我国小麦播种面积总体呈下降趋势，特别是2017—2020年我国小麦播种面积连续4年下滑，降幅分别为0.76%、0.87%、2.22%和1.47%，对我国小麦资源环境条件指数的上行带来负面影响。不过从小麦二氧化碳排放量看，由于测土配方施肥技术和养分高效利用品种的大面积推广，我国每吨小麦二氧化碳排放当量已从2011年的577.66千克减少至2020年的458.72千克，10年间减少了20.59%；与此同时，小麦防灾减灾能力提升使得因灾损失面积不断减少，从2011年的2 718.79万亩降至2020年的1 620.05万亩，降幅高达40.41%，成为小麦资源环境条件指数不断上行的主要驱动力（图4-8、图4-9）。

图 4-9 2011—2020年我国小麦单产二氧化碳排放量、因灾损失面积和播种面积增长率

（三）小麦产业安全面临的重大挑战

从2011—2020年我国小麦产业安全评估结果看，小麦产业安全主要面临以下挑战。

作为分散小麦生产风险的重要手段，小麦保险已经成为确保小麦产业安全的"稳定器"，但近几年我国小麦保险发展水平显然与小麦口粮的重要地位不相适应、不相匹配。以2019年为例，我国小麦保险深度仅为0.77%，不仅与1%的基本目标存在较大差距，而且低于大豆（0.98%）、稻谷（0.96%）和玉米（0.85%）保险深度，提升空间较大；2019年我国受灾小麦保险亩均赔付额尚不足百元，严重影响了参保农户的获得感和种植小麦的积极性。小麦保险发展水平相对不高，已成为小麦播种面积下滑不容忽视的重要因素。2020年我国小麦市场运行形势指数分值为85.98，低于稻谷（93.41）、大豆（90.93）和玉米（87.22）；同时应当看到，我国粮食补贴与支持政策面临WTO规则下"黄箱"支持限制的实质性约束，而农业发达国家已纷纷将以农业保险为代表的间接补贴作为重要支持工具。迫切需要基于农业保险高质量发展的视角，扩面、增品和提标，打造"多层次、广覆盖、可持续"的小麦保险保障体系。

五、玉米产业安全评估

2020年我国玉米播种面积和产量约占粮食的35%和39%。过去10年我国玉米产业安全指数呈现"M"型曲线震荡整理走势，总体处于安全区间。未雨绸缪，确保我国玉米产业安全迫切需要以"提高单产"为抓手，坚决防止玉米供需关系发生逆转，牢牢守住确保"谷物基本自给"的底线。

（一）2020年玉米产业安全态势判断

2020年我国玉米产业安全指数为91.79，虽然较2019年下降4.15个点，降幅达4.33%，但总体仍处于安全区间。

从分项指数看，基础保障水平和科技支撑能力的指数处于安全区间，市场运行形势和资源环境条件的指数处于基本安全区间，其中，基础保障水平、科技支撑能力和资源环境条件的指数分值分别为92.14、90.19和89.91，较2019年变动幅度均小于0.40个点；但市场运行形势指数分值重挫13.10个点，探至88.23，同比降幅高达13.06%。

一是基础保障水平保持稳定。2020年我国玉米总产量为2.61亿吨，较2019年持平略减10万吨（减幅0.04%），玉米人均占有量184.64千克，较2019年下降1.96千克，降幅为1.05个百分点，处于过去10年中等水平；2020年玉米库存消费比仅为58.09%，较2019年下降2.68个百分点，处于过去10年较低水平。由于玉米价格高企，玉米饲用消费中小麦、进口高粱、大麦等替代效用显现，2020年我国玉米自给率达到91.48%，较2019年提升了2.85个百分点，虽然总体上仍处于过去10年中等偏下水平，但守住了"谷物基本自给"的玉米保障底线。

二是市场运行形势喜忧参半。2020年我国玉米保险深度攀至0.93%，较2019年增长0.08个百分点，处于过去10年最高水平；但由于玉米播种面积、产量和库存同时"三降"，进口量更是首次突破720万吨关税配额，加之国际玉米价格上涨的传导效应，使得2020年我国玉米价格呈现持续上涨的态势，导致月度间波动风险均值高达1.93%，较2019年增加1.89个百分点，创下历史新高，成为过去10年玉米市场风险最为突出的一年。

三是科技支撑能力略有下降。2020年我国玉米制种需求回暖，但特大品种的更迭速度有所减慢，全国通过审定的玉米新品种数量达到2 827个，增速为24.76%，处于过去10年中等水平；与此同时，我国玉米耕种收综合机械化率达到89.76%，较2019年增长了0.81个点，处于过去10年的最高水平。2020年我国玉米全要素生产率为1.79（2011年设定为基期，基期值为1.00），与2019年基本持平，处于过去10年高位；但受玉米主产区连续遭受3次台风等自然灾害的冲击影响，2020年我国玉米单产增速为-0.03%，较2019年降幅高达3.51个百分点，处于过去10年较低水平。

四是资源环境条件稳中向好。受2016年以来实施调减玉米播种面积政策"路径依赖"的影响，2020年我国玉米播种面积为6.19亿亩，较2019年继续减少了24万亩，不过降幅较2019年收窄了1.95个百分点，虽然总体仍处于过去10年较低水平，但玉米播种面积大幅下滑的态势明显得到遏制。随着玉米种植"低碳"技术的创新和推广，化肥、农药等投入品使用量"零增长"目标的实现，2020年我国生产每吨玉米排放的二氧化碳当量为307.78千克，与2019年持平，处于过去10年最低水平；尽管2020年玉米主产区台风等自然灾害较为频繁，全年玉米因灾损失面积达2 858.99万亩，但较2019年增加了22.42万亩，增幅为0.79%，是过去10年防灾减灾形势较好的年份。

（二）过去10年玉米产业安全趋势演变

过去10年我国玉米产业总体上处于安全区域，但安全程度呈现"M"型曲线震荡整理走势。其间，2015年玉米产业安全指数在经历连续3年上升后首次下滑至91.32，随后连续两年上升，并在2017年跃升至最高值97.33，但受"镰刀弯"地区玉米种植面积调减的后续影响，指数分值再次波动下滑，

2020年降至91.79（图5-1）。

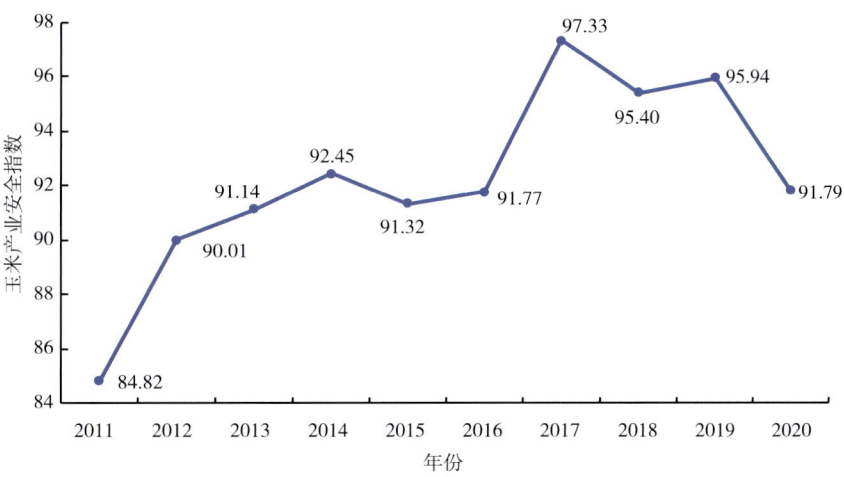

图 5-1　2011—2020 年我国玉米产业安全指数

（资料来源：中国农业科学院农业信息研究所农业产业安全研究团队）

1. 玉米基础保障水平

2011—2020年，我国玉米基础保障水平指数在88～100区间，总体呈倒"U"型曲线走势（图5-2）。

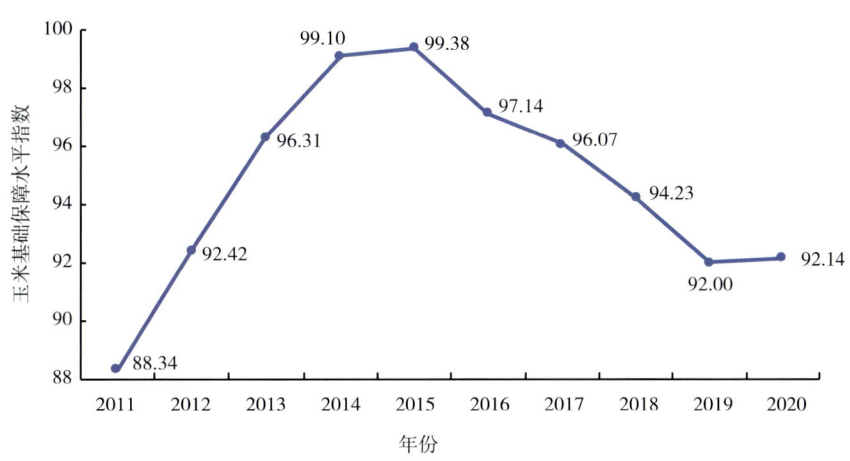

图 5-2　2011—2020 年我国玉米基础保障水平指数

（资料来源：中国农业科学院农业信息研究所农业产业安全研究团队）

2011—2015年，我国玉米消费总量平稳增长，播种面积和产量的快速增加，推动玉米自给率、人均占有量和库存消费比不断创出新高，促使基础保障水平指数分值由2011年88.34提升至2015年99.38，增幅为12.50%。2016

年农业部推动实施《关于"镰刀弯"地区玉米结构调整的指导意见》，全国玉米播种面积和产量开始逐年下降，而同期玉米饲用消费和工业消费大幅增长，玉米供需形势急剧变化，2019年玉米人均占有量、自给率和库存消费比分别较2015年的历史高点下降3.20%、23.41%和34.84%，最终导致基础保障水平指数分值跌至92.00，5年间下降7.38个百分点；2020年玉米基础保障水平分值则触底反弹为92.14（图5-2、图5-3）。

图5-3　2011—2020年我国玉米人均占有量、自给率和库存消费比

2. 玉米市场运行形势

2011—2020年，我国玉米市场运行形势指数在87～101区间运行，总体呈大幅震荡的走势（图5-4）。

2011—2015年，我国逐年上调玉米临储收购价，国内外价格走势背离，不仅导致国内玉米进口量、收购量和库存量"三量齐增"，而且"收购阶段价格上涨、收购结束价格随即跌落"，加剧了市场价格波动风险，特别是2015年由于玉米挂牌收购价较2014年下调10.40%，导致月度间价格波动风险均值被放大到1.69%，直接推动玉米市场运行形势指数分值下探至86.61。2016—2020年，替代玉米临储政策的"市场化收购加补贴"新机制作用逐步显现，玉米价格波动总体呈减缓趋势，2017年月度间价格波动风险均值更是降至0.01%，随着"保险+期货"试点范围的扩大，提振玉米保险深度攀至0.89%的新台阶，共同推动我国玉米市场运行形势指数分值达到过去10年100.86的峰值；但由于国内玉米市场供求关系越发凸显，2020年玉米进口量首次突破720万吨的关税配额，因国际市场一片"涨声"的影响，玉米市场运行形势指数分值再次下探至87.22（图5-4、图5-5）。

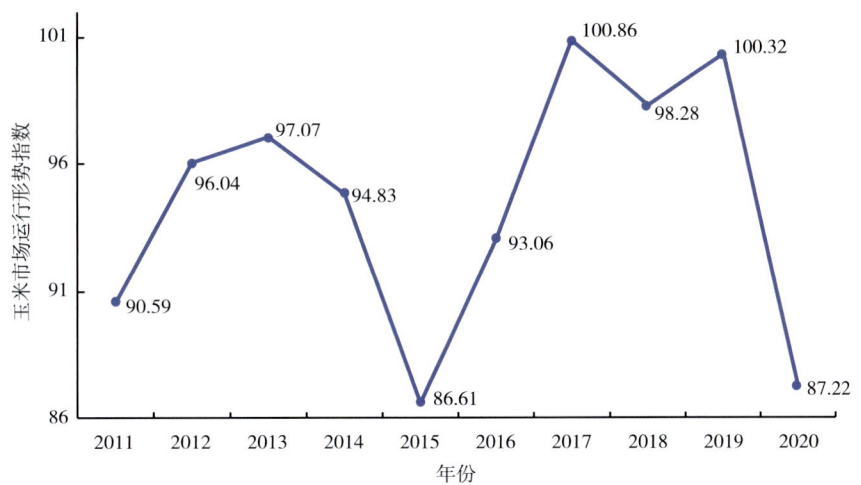

图 5-4　2011—2020 年我国玉米市场运行形势指数

（资料来源：中国农业科学院农业信息研究所农业产业安全研究团队）

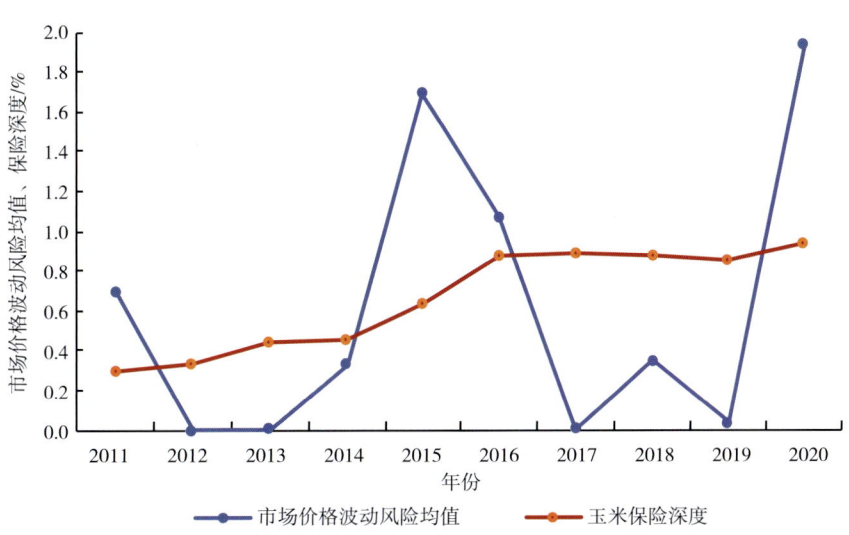

图 5-5　2011—2020 年我国玉米市场价格波动风险均值和玉米保险深度

3. 玉米科技支撑能力

2011—2020年，我国玉米科技支撑能力指数总体上在86～92区间保持基本稳定（图5-6）。

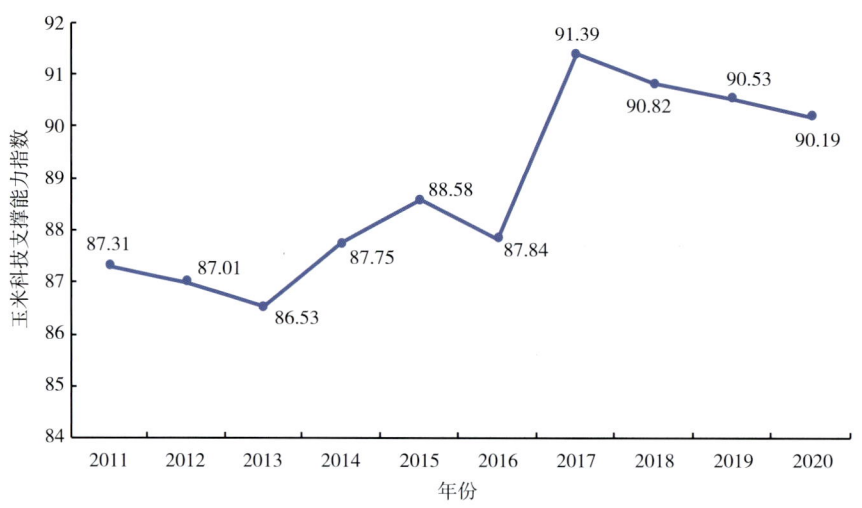

图5-6　2011—2020年我国玉米科技支撑能力指数

（资料来源：中国农业科学院农业信息研究所农业产业安全研究团队）

过去10年我国玉米全要素生产率和耕种收综合机械化率实现稳步提升，分别从2011年1.00、71.56%提高至2020年1.79、89.76%，为科技支撑能力指数的相对平稳运行奠定了基础。伴随着我国种业创新支持政策密集出台，玉米育种创新能力得到有效提升，特别是成功突破了单倍体、基因编辑、全基因组选择等关键育种技术瓶颈，推动玉米新品种审定数量不断增加，2017年增速高达95.07%，直接带动玉米科技支撑能力指数分值攀升至峰值91.39。就玉米单产而言，从2011年383.17千克/亩提高到2020年421.18千克/亩，10年间玉米单产每亩提高了38.01千克，增幅为9.92%。由于2014年我国玉米主产区普遍遭受旱情，2018年东北主产区遭受旱灾和2020年东北主产区连续遭受3次台风的冲击，我国玉米单产在上述年份分别出现-3.44%、-0.10%和-0.03%的负增长，从而导致过去10年我国玉米单产水平增速呈现波动性特征，对玉米科技支撑能力指数的上行带来一定程度不利影响（图5-6、图5-7）。

图 5-7　2011—2020 年我国玉米单产增速、品种审定通过数量增速、
耕种收综合机械化率和全要素生产率

4. 玉米资源环境条件

2011—2020年我国玉米资源环境条件指数在81～90区间，总体呈小幅震荡上升的走势（图5-8）。

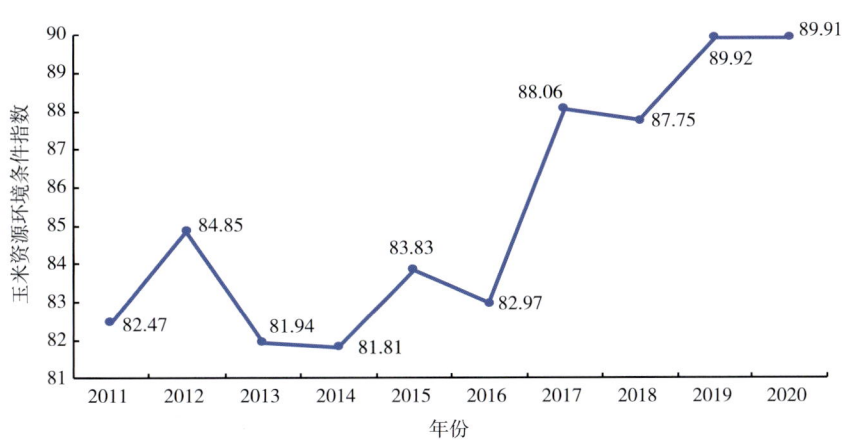

图 5-8　2011—2020 年我国玉米资源环境条件指数

（资料来源：中国农业科学院农业信息研究所农业产业安全研究团队）

过去10年，我国玉米播种面积总体呈先升后降的走势，特别是由于"镰刀弯"地区玉米结构调整政策的实施，我国玉米播种面积从2016年开始连续5年下滑，调减幅度分别为1.76%、4.03%、0.63%、2.01%和0.06%，对我国玉米资源环境条件指数的上行造成不利影响。不过得益于部分节肥节

水节药、抗旱、抗病虫、养分高效品种的大面积推广应用，以及玉米生产机械化程度的快速提升，我国生产每吨玉米所排放的二氧化碳当量值和因灾损失面积已分别从2011年413.53千克、4 078.91万亩下降至2020年307.78千克、2 858.99万亩，降幅分别为25.57%和29.91%。我国玉米种植碳减排和防灾减灾效果显著，一定程度抵消了玉米播种面积下滑的不利影响，直接推动了玉米资源环境条件指数分值从2011年的82.47提升至2020年的89.91，10年间增长了9.02%（图5-8、图5-9）。

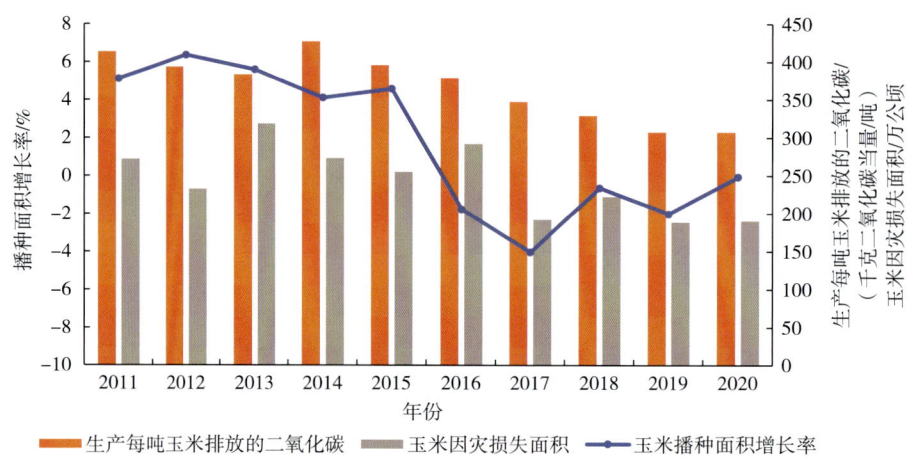

图5-9　2011—2020年我国玉米播种面积增长率、单产二氧化碳排放量和因灾损失面积

（三）玉米产业安全面临的重大挑战

从2011—2020年我国玉米产业安全评估结果来看，玉米产业安全主要面临以下挑战。

2020年我国玉米进口量达到了创纪录的1 130万吨，较2019年大幅增长135.91%，更是首次突破了720万吨的全年关税税率配额，同时市场价格风险凸显，显著高于稻谷、小麦和大豆。另据测算，假设保持国内玉米现有产量水平不变，2030年我国玉米产需缺口预计将高达5 000万吨。换言之，我国玉米可能会发生从"供大于求"到"产不足需"的逆转，成为依赖进口的第二个"大豆"。同时应当看到，玉米进口来源的不确定性似乎还高于大豆，极端情形下的安全风险更值得关注，必须做到未雨绸缪。目前我国玉米平均单产达到421千克/亩，仅为美国（719.18千克/亩）的58.54%和欧盟（490千克/亩）的85.92%，倘若未来10年将玉米平均单产提高到500千克/亩，即使保持现有玉米6.19亿亩播种面积，也完全能够填补5 000万吨的需求缺口，从而牢牢把握住"确保谷物基本自给"的底线要求。迫切需要构建有中国特色的玉米种业创新体系，同时良种良田良法协同配合，确保突破制约玉米单产水平大幅提升的"瓶颈"。

六、大豆产业安全评估

我国大豆播种面积和产量约占粮食的8%和3%。过去10年我国大豆产业安全指数呈现"降—升—降"的波动走势，总体处于不安全区间。"亡羊补牢"，围绕大豆产业安全迫切需要坚持底线思维，在优化利用两个市场、两种资源降低大豆进口来源不确定性的同时，把大豆自给率提升、稳定到合理水平。

（一）2020年大豆产业安全态势判断

2020年我国大豆产业安全指数为77.46，较2019年下降1.66个点，降幅达到2.10%，继续处于不安全区间。

从分项指数看，基础保障水平指数处于不安全区间，市场运行形势和科技支撑能力指数处于安全区间，资源环境条件指数处于基本安全区间，其中，基础保障水平指数和科技支撑能力指数分值分别达到64.03和90.89，较2019年增加3.52个和0.07个点，增幅为5.82%和0.08%；市场运行形势指数和资源环境条件指数分值则分别下降至90.93和87.97，较2019年降低9.86个点和1.08个点，降幅为9.78%和1.21%。

一是基础保障水平持续提升。2020年我国继续实施大豆振兴计划，大豆总产量实现"五连增"，达到392亿斤，比2019年增加30.2亿斤，增幅为8.35%，促使2020年我国大豆人均占有量和库存消费比分别达到13.88千克和26.49%，比2019年增长0.98千克和10.61个百分点，处于过去10年最高水平。2020年我国大豆自给率同比进一步提高0.99个百分点，达到18.68%，虽然自给率仍然过低，但已经提升到过去10年较高水平。

二是市场运行形势不容乐观。2020年我国大豆保险深度达到1.52%，较2019年提高0.54个百分点，处于过去10年较高水平；由于临储大豆在2019年全部拍卖完毕，食用大豆供需略显紧张，在大豆进口突破1亿吨和国际大豆市场价格上涨的推动下，2020年我国大豆市场价格波动风险均值跃至

1.06%，较2019年提高1个百分点，创下历史新高，成为过去10年大豆市场运行最不稳定的一年。

三是科技支撑能力稳步提升。2020年以科企融合为特征的公益性大豆联合育种新机制作用明显，我国大豆品种国家审定通过数量增速达到24.07%，较2019年提高0.78个百分点，增幅为3.35%，处在过去10年中等位置；与此同时，我国大豆耕种收综合机械化率达到86.70%，较2019年提高1.18个百分点，处于过去10年最高水平。2020年我国大豆全要素生产率达到2.11（2011年设定为基期，基期值为1.00），与2019年持平，处于过去10年高位，推动大豆单产突破130千克/亩的关口，达到132千克/亩，比2019年增加3千克/亩，增速2.33%，与2019年持平略减，总体处在过去10年较高位置。

四是大豆资源环境条件稳中略降。在大豆振兴计划推动下，2020年我国大豆播种面积恢复至1.48亿亩，较2019年增加802.05万亩，增幅为5.73%，处于过去10年较高水平；由于大豆主产区受台风影响，大豆因灾损失面积达683.69万亩，较2019年增加42.50万亩，增幅为6.63%，总体上成为过去10年灾害相对较重的年份。2020年我国加快集成配套绿色高效技术模式，但由于大豆面积恢复区域，特别是东北高寒地区立地条件明显落后于东北中南部和黄淮海中北部传统优势产区，生产每吨大豆排放的二氧化碳当量未能再创新低，触底反弹为218.19千克，仅次于2019年209.29千克当量排放水平，仍处于过去10年较低排放水平。

（二）过去10年大豆产业安全趋势演变

过去10年我国大豆产业均处于不安全区域，安全程度呈现"降—升—降"的波动走势。其间，2012年大豆产业安全指数惯性下降至最低值70.98；在实施大豆振兴计划政策利好的推动下，指数分值稳步提升至2019年最高值79.12；2020年受市场波动加剧的影响，指数分值下滑回落至

77.46，但还是近10年较好水平（图6-1）。

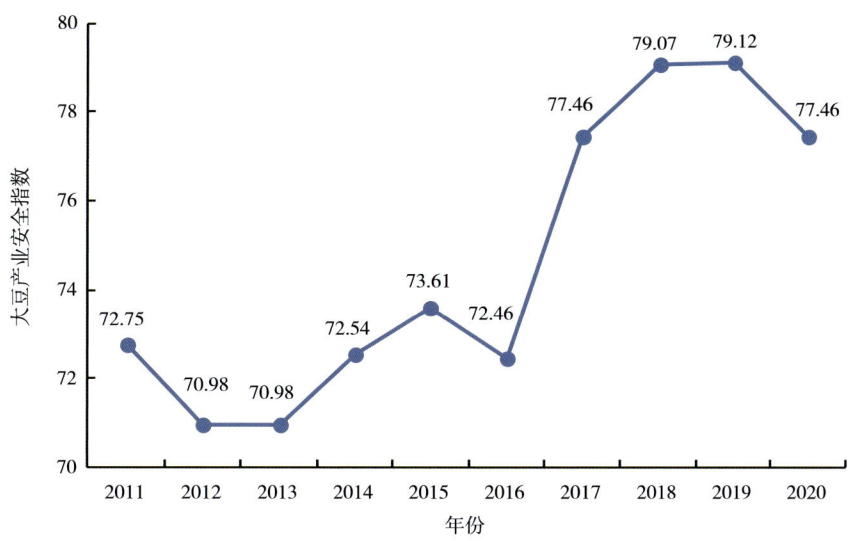

图 6-1　2011—2020 年我国大豆产业安全指数

（资料来源：中国农业科学院农业信息研究所农业产业安全研究团队）

1. 大豆基础保障水平

2011—2020年，我国大豆基础保障水平指数在52～65区间，呈先降后升的"V"型曲线走势（图6-2）。

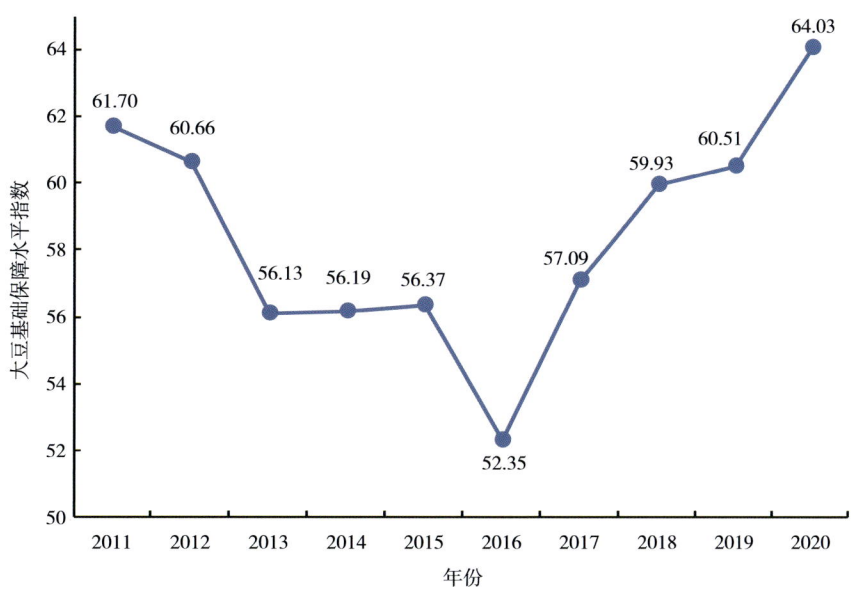

图 6-2　2011—2020 年我国大豆基础保障水平指数

（资料来源：中国农业科学院农业信息研究所农业产业安全研究团队）

2011—2016年，城乡居民消费结构升级，大豆需求量快速增长，但由于大豆种植比较效益低，部分豆农改种玉米、水稻等其他竞争性作物，我国大豆播种面积与产量呈现"双减"趋势，使得2016年大豆自给率、库存消费比和人均占有量分别迅速下滑至12.71%、4.77%和9.84千克，导致2016年大豆基础保障水平指数分值降至过去10年的最低点52.35，降幅达15.15%。2017—2020年，随着"镰刀弯"地区玉米结构调整的深入推进和大豆振兴计划的实施，我国大豆播种面积与产量呈现"双增"趋势，推动2020年大豆自给率、库存消费比和人均占有量迅速增长至18.68%、26.49%和13.88千克，直接拉升大豆基础保障水平指数分值11.68个点，攀升至过去10年最高点64.03（图6-2、图6-3）。

图6-3　2011—2020年我国大豆人均占有量、自给率和库存消费比

2. 大豆市场运行形势

2011—2020年，我国大豆市场运行形势指数在91~106区间，呈倒"U"型曲线震荡整理走势，且波动幅度较大（图6-4）。

2011—2018年，我国大豆保险得到快速发展，特别是"保险+期货"的推广以及国内首个农产品收入保险试点，推动大豆保险深度快速提升至1.52%，同时大豆临时收储政策、大豆目标价格改革试点、大豆-玉米轮作补贴政策等一系列政策工具的协同作用，实现了对大豆市场价格风险有效管控，促使月度间价格波动风险均值均低于1%，大豆市场运行形势指数在波动中上升到105.21，为过去10年最高点。2019年以来，中美经贸摩擦导致国内市场波动风险加大以及大豆保险深度徘徊不前，我国大豆市场运行形势指数连续两年出现大幅回落探底至90.93（图6-4、图6-5）。

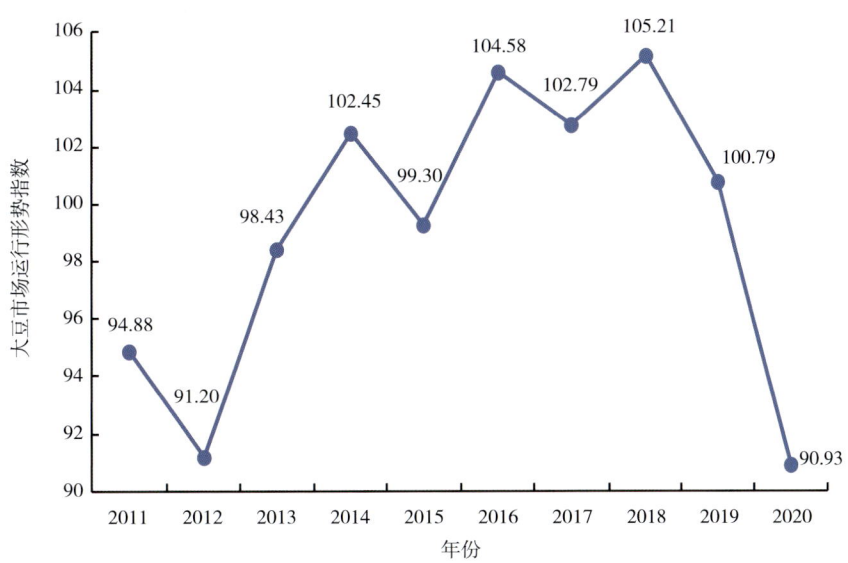

图 6-4　2011—2020 年我国大豆市场运行形势指数

（资料来源：中国农业科学院农业信息研究所农业产业安全研究团队）

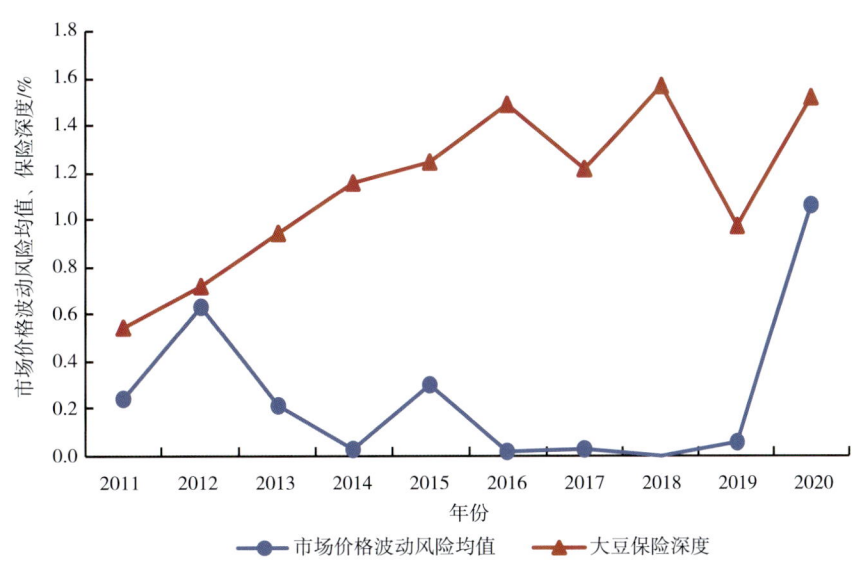

图 6-5　2011—2020 年我国大豆市场价格波动风险均值和保险深度

3. 大豆科技支撑能力

2011—2020年，我国大豆科技支撑能力在85～91区间，呈现小幅震荡的走势（图6-6）。

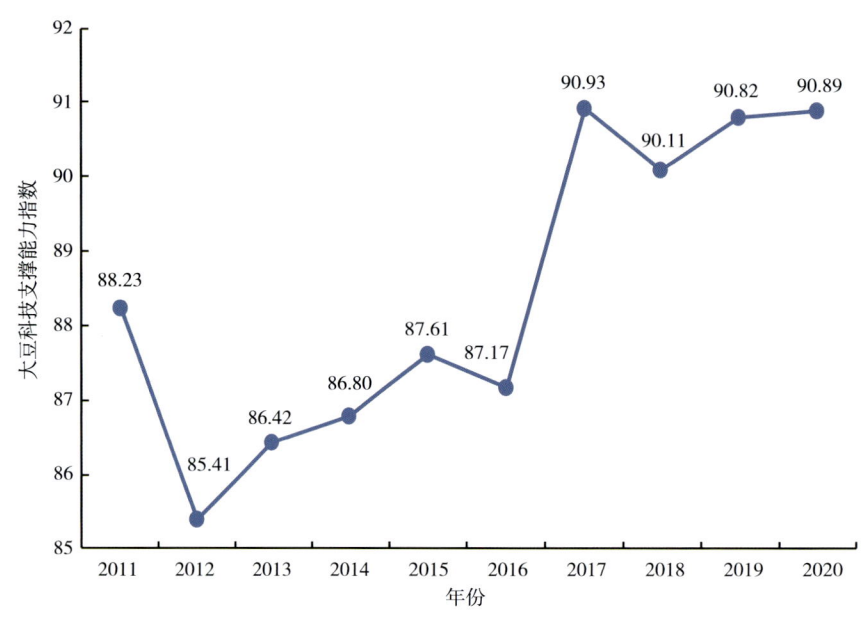

图 6-6　2011—2020 年我国大豆科技支撑能力指数

（资料来源：中国农业科学院农业信息研究所农业产业安全研究团队）

过去10年我国大豆耕种收综合机械化率和大豆全要素生产率分别从2011年69.81%和1.00提高至2020年86.70%和2.11，成为大豆科技支撑能力指数上升的重要驱动力。我国围绕大豆种业创新先后成立了北方大豆育种协作网和黄淮海大豆育种协作网等攻关联合体，推动大豆新品种全国审定数量不断增加，2017年增速高达60.38%，直接带动大豆科技支撑能力指数分值攀升至峰值90.93。就大豆单产而言，从2011年122.42千克/亩提高到2020年132千克/亩，10年间每亩大豆单产提高了9.58千克，增幅为7.83%。但由于2012年和2013年部分种植条件较好地区大豆改种玉米、水稻等作物及2016年黄淮流域涝渍灾害及东北雪灾的严重影响，我国大豆单产增速在上述年份分别出现-0.91%、-3.28%和-1.23%的负增长，从而对大豆科技支撑能力指数上行带来负面影响（图6-6、图6-7）。

图 6-7　2011—2020 年我国大豆单产增速、品种审定通过数量增速、耕种收综合机械化率和全要素生产率

4. 大豆资源环境条件

2011—2020年我国大豆资源环境条件指数在83～90区间，呈现波动上行走势（图6-8）。

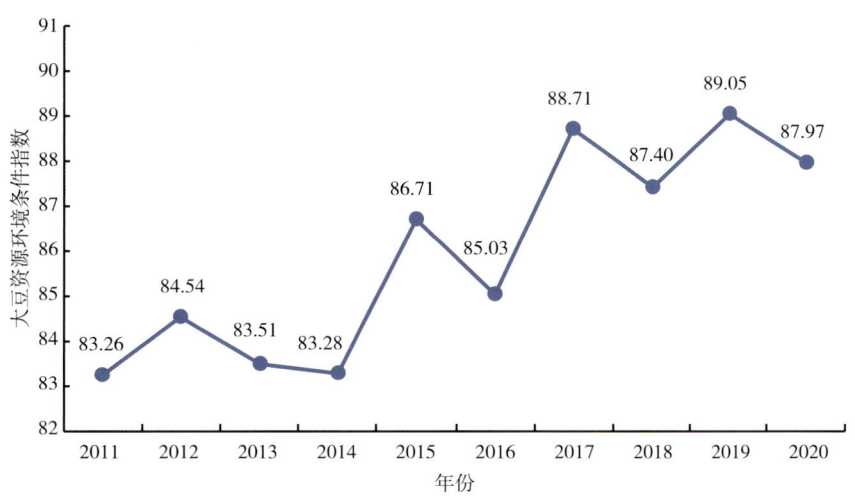

图 6-8　2011—2020 年我国大豆资源环境条件指数

（资料来源：中国农业科学院农业信息研究所农业产业安全研究团队）

过去10年我国大豆播种面积呈先降后升的走势，其间，2011—2015年，由于国家提高玉米收储价格，农民选择种植收益更高的玉米，导致5

年累计减少大豆面积1 914万亩，特别是2011年和2012年面积下降速度分别达到6.86%和8.61%。2016年以来，随着我国补贴政策向大豆倾斜和"镰刀弯"地区玉米结构调整的实施，农民种植大豆的积极性有所提升，大豆种植面积连续5年增加，累计增加了3 401万亩，增幅29.84%，加之测土配方施肥、绿色防控、地膜覆盖等先进技术的推广，化肥、农药利用效率不断得到提升，使得大豆生产环节碳减排效果显著，特别是过去6年来生产每吨大豆排放的二氧化碳当量逐年降低，已由2014年的346.06千克降低到2020年的218.19千克，即平均生产每吨大豆减排127.87千克二氧化碳，降幅达36.95%；与此同时，我国大豆因灾损失面积从2011年的898.94万亩下降至2020年的683.69万亩，10年间下降了23.94%，其中2019年因灾损失面积为641.19万亩，共同推动大豆资源环境条件指数在波动中上行，并在2019年达到89.05的高点（图6-8、图6-9）。

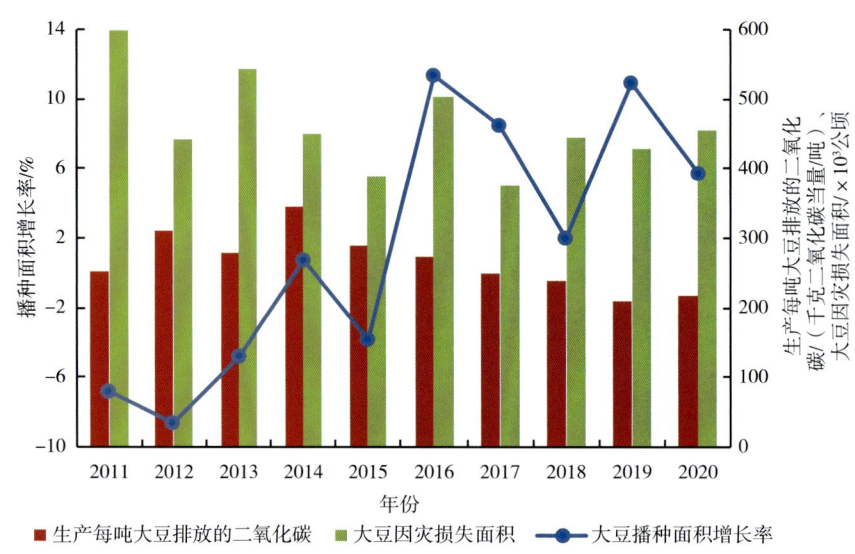

图6-9 2011—2020年我国大豆单产二氧化碳排放量、因灾损失面积和播种面积增长率

（三）大豆产业安全面临的重大挑战

从2011—2020年大豆产业安全评估结果看，目前大豆产业安全主要面

临以下挑战。

就我国的国情、农情而言，短期内显然无法实现大豆基本自给，唯有选择确保食用大豆基本自给，而将用于榨油和动物饲料的大宗大豆市场让渡美国、巴西等主要生产国，但大豆进口不确定性问题必须引起足够的重视。2015年以来，我国大豆进口的主要来源国为巴西（占比45.70%~74.62%）、美国（占比18.67%~40.44%）、阿根廷（占比2.11%~11.55%）。事实上，近几年因中美贸易摩擦导致从美国进口大豆数量剧烈变动，同时巴西、阿根廷等南美国家因气候原因大豆产量也受到较大影响，也给我国大豆进口渠道和价格带来了潜在风险，全球贸易体系分化为各类相互交织的"贸易圈"，"逆全球化"和"碎片化"的贸易特征难以在短期内消除，国际地缘政治格局的演变也将给大豆进口带来不稳定因素。迫切需要推动进口来源地多元化以降低不确定性。全面提升我国参与全球粮食安全治理能力，重点推动广大发展中国家提升粮食生产能力，通过建立更加高效的区域贸易协定及制度安排，为我国谋求稳定和充足的大豆供应源，增强大豆进口供应链的韧性，确保大豆进口稳定供应。

主要参考文献

国家粮食和物资储备局，2020.《中国的粮食安全》白皮书重要文献汇编[M]. 北京：人民出版社.

联合国粮食及农业组织，国际农业发展基金，联合国儿童基金会，等，[2021-10-29].2021年世界粮食安全和营养状况[EB/OL].罗马.https://www.fao.org/3/cb4474zh/cb4474zh.pdf.

农业农村部市场预警专家委员会，2021.中国农业展望报告（2021—2030）[M].北京：中国农业科学技术出版社.

农业农村部种业管理司，全国农业技术推广服务中心，农业农村部科技发展中心，2020.2020年中国农作物种业发展报告[M].北京：中国农业科学技术出版社.

徐磊，等，2019.农产品市场风险评估和管理：理论、方法与实践[M].北京：中国农业出版社.

中国农业科学院，2021.中国农业产业发展报告2021[M].北京：中国农业科学技术出版社.

中国农业绿色发展研究会，中国农业科学院农业资源与农业区划研究所，2021.中国农业绿色发展报告2020[M].北京：中国农业出版社.

FAO，2003. Trade reforms and food security[EB/OL].Rome:https://www.fao.org/3/y4671e/y4671e00.htm#Contents.

IPCC（Intergovernmental Panel on Climate Change），2014.Climate Change 2014：Mitigation of Climate Change. Contribution of Working Group III to the Fifth Assessment Report of the Intergovernmental Panel on Climate Change[M]. Cambridge，New York：Cambridge University Press.

The Economist Intelligence Unit，2021. Global Food Security Index 2020[EB/OL]. https://nonews.co/wp-content/uploads/2021/03/GFSI2020.pdf.

附 表

附表1　2011—2020年我国粮食产业安全指数

年份	产业安全	基础保障水平	市场运行形势	科技支撑能力	资源环境条件	购买力水平
2011	85.53	92.95	87.65	87.21	80.80	84.32
2012	89.76	94.68	93.13	86.65	83.96	86.30
2013	90.91	95.64	97.90	86.77	81.45	87.64
2014	92.19	97.04	95.53	87.86	83.08	89.09
2015	94.49	97.81	97.33	88.19	85.34	90.37
2016	93.99	96.72	99.07	87.93	84.04	91.59
2017	96.79	96.76	98.29	90.60	88.44	92.89
2018	97.32	96.19	100.97	90.38	88.13	94.14
2019	97.76	95.26	100.70	90.43	89.94	95.41
2020	93.68	95.78	86.79	90.53	89.87	96.11

附表2　2011—2020年我国稻谷产业安全指数

年份	产业安全	基础保障水平	市场运行形势	科技支撑能力	资源环境条件	购买力水平
2011	83.44	93.04	82.60	85.87	80.60	84.32
2012	89.26	93.89	93.56	86.42	83.65	86.30
2013	89.93	94.05	98.49	86.97	80.58	87.64
2014	91.33	94.44	95.53	88.08	84.07	89.09
2015	92.54	94.70	95.86	87.87	85.95	90.37
2016	92.97	94.66	98.35	88.28	84.46	91.59
2017	95.37	95.16	97.18	90.13	88.30	92.89
2018	95.97	94.82	98.92	89.96	88.49	94.14
2019	96.95	94.30	99.91	90.29	89.92	95.41
2020	95.15	94.46	93.41	90.70	89.85	96.11

附表3 2011—2020年我国小麦产业安全指数

年份	产业安全	基础保障水平	市场运行形势	科技支撑能力	资源环境条件	购买力水平
2011	83.18	89.57	83.89	89.75	80.42	84.32
2012	84.84	90.99	83.89	86.36	84.18	86.30
2013	85.30	90.63	87.23	87.88	81.72	87.64
2014	90.10	92.32	95.21	88.56	83.72	89.09
2015	93.63	95.14	97.64	88.19	86.35	90.37
2016	90.87	96.95	87.37	88.72	84.65	91.59
2017	94.47	97.65	91.03	88.34	89.05	92.89
2018	97.64	97.07	99.44	90.67	88.69	94.14
2019	96.01	97.74	93.42	88.65	89.59	95.41
2020	94.35	98.08	85.98	89.94	89.67	96.11

附表4 2011—2020年我国玉米产业安全指数

年份	产业安全	基础保障水平	市场运行形势	科技支撑能力	资源环境条件	购买力水平
2011	84.82	88.34	90.59	87.31	82.47	84.32
2012	90.01	92.42	96.04	87.01	84.85	86.30
2013	91.14	96.31	97.07	86.53	81.94	87.64
2014	92.45	99.10	94.83	87.75	81.81	89.09
2015	91.32	99.38	86.61	88.58	83.83	90.37
2016	91.77	97.14	93.06	87.84	82.97	91.59
2017	97.33	96.07	100.86	91.39	88.06	92.89
2018	95.40	94.23	98.28	90.82	87.75	94.14
2019	95.94	92.00	100.32	90.53	89.92	95.41
2020	91.79	92.14	87.22	90.19	89.91	96.11

附表5 2011—2020年我国大豆产业安全指数

年份	产业安全	基础保障水平	市场运行形势	科技支撑能力	资源环境条件	购买力水平
2011	72.75	61.70	94.88	88.23	83.26	84.32
2012	70.98	60.66	91.20	85.41	84.54	86.30
2013	70.98	56.13	98.43	86.42	83.51	87.64
2014	72.54	56.19	102.45	86.80	83.28	89.09
2015	73.61	56.37	99.30	87.61	86.71	90.37
2016	72.46	52.35	104.58	87.17	85.03	91.59
2017	77.46	57.09	102.79	90.93	88.71	92.89
2018	79.07	59.93	105.21	90.11	87.40	94.14
2019	79.12	60.51	100.79	90.82	89.05	95.41
2020	77.46	64.03	90.93	90.89	87.97	96.11